体育运动

攀岩 山地自行车
SHANDI ZIXINGCHE
PANYAN

主编 张铁民 赵锦锦
　　　田英莲 王 银

走进**大自然**
走到阳光下
养成**体育锻炼**好习惯

吉林出版集团股份有限公司 全国百佳图书出版单位

图书在版编目（CIP）数据

攀岩 山地自行车 / 张铁民等主编.—长春：吉林出版集团股份有限公司，2011.6（2024.1 重印）
ISBN 978-7-5463-5725-6

Ⅰ.①攀… Ⅱ.①张… Ⅲ.①登山运动—青年读物②自行车运动—青年读物 Ⅳ.①G881-49②G872.3-49

中国版本图书馆 CIP 数据核字（2011）第 117597 号

攀岩 山地自行车

主编	张铁民　赵锦锦　田英莲　王银
责任编辑	祖航
出版发行	吉林出版集团股份有限公司
印刷	三河市同力彩印有限公司
版次	2011 年 7 月第 1 版　2024 年 1 月第 9 次印刷
开本	787mm×1092mm　1/16　印张 10　字数 100 千
地址	吉林省长春市福祉大路 5788 号　邮编 130000
电话	0431-81629968
电子邮箱	11915286@qq.com
书号	ISBN 978-7-5463-5725-6
定价	45.80 元

版权所有　翻印必究
如有印装质量问题，请寄本社退换

《体育运动》编委会

主　　任　宛祝平

编　　委　支二林　方志军　王宇峰　王晓磊　冯晓杰
　　　　　　田云平　兴树森　刘云发　刘延军　孙建华
　　　　　　曲跃年　吴海宽　张　强　张少伟　张铁民
　　　　　　李　刚　李伟亮　李志坚　杨雨龙　杨柏林
　　　　　　苏晓明　邹　宁　陈　刚　岳　言　郑风家
　　　　　　宫本庄　赵权忠　赵利明　赵锦锦　潘永兴

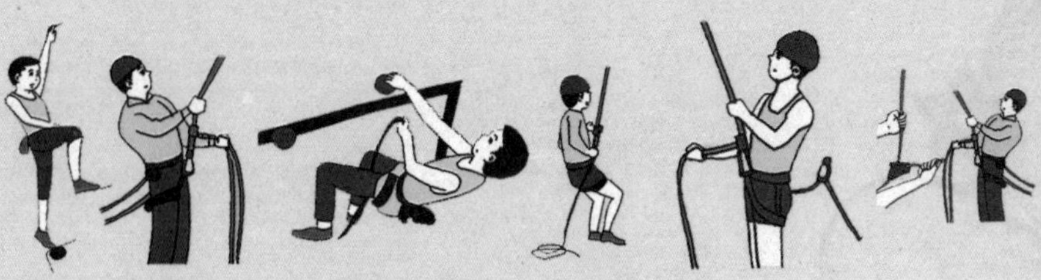

目录 CONTENTS

攀岩

第一章 运动保护
第一节 生理卫生……………………2
第二节 运动前准备…………………3
第三节 运动后放松…………………9
第四节 恢复养护……………………11

第二章 攀岩概述
第一节 起源与发展…………………14
第二节 特点与价值…………………15

第三章 攀岩场地和装备
第一节 场地…………………………20
第二节 装备…………………………25

第四章 攀岩基本技术
第一节 绳结技术……………………34
第二节 保护技术……………………49
第三节 攀登技术……………………55
第四节 攀岩流程……………………69

第五章 攀岩比赛规则
第一节 程序…………………………72
第二节 裁判…………………………77

目录

山地自行车

第六章 山地自行车概述
第一节 起源与发展 ……………… 82
第二节 特点与价值 ……………… 83

第七章 山地自行车场地、器材和装备
第一节 场地 ……………………… 86
第二节 器材 ……………………… 95
第三节 装备 ……………………… 101

第八章 山地自行车基本技术
第一节 骑行前检查 ……………… 110
第二节 骑行姿势 ………………… 113
第三节 推车与背车技术 ………… 117
第四节 倒地技术 ………………… 119
第五节 上下坡技术 ……………… 120
第六节 转弯与刹车技术 ………… 125
第七节 上下台阶技术 …………… 131
第八节 其他技术 ………………… 138

目录 CONTENTS

第九章 山地自行车比赛规则
第一节 程序……………………146
第二节 裁判……………………148

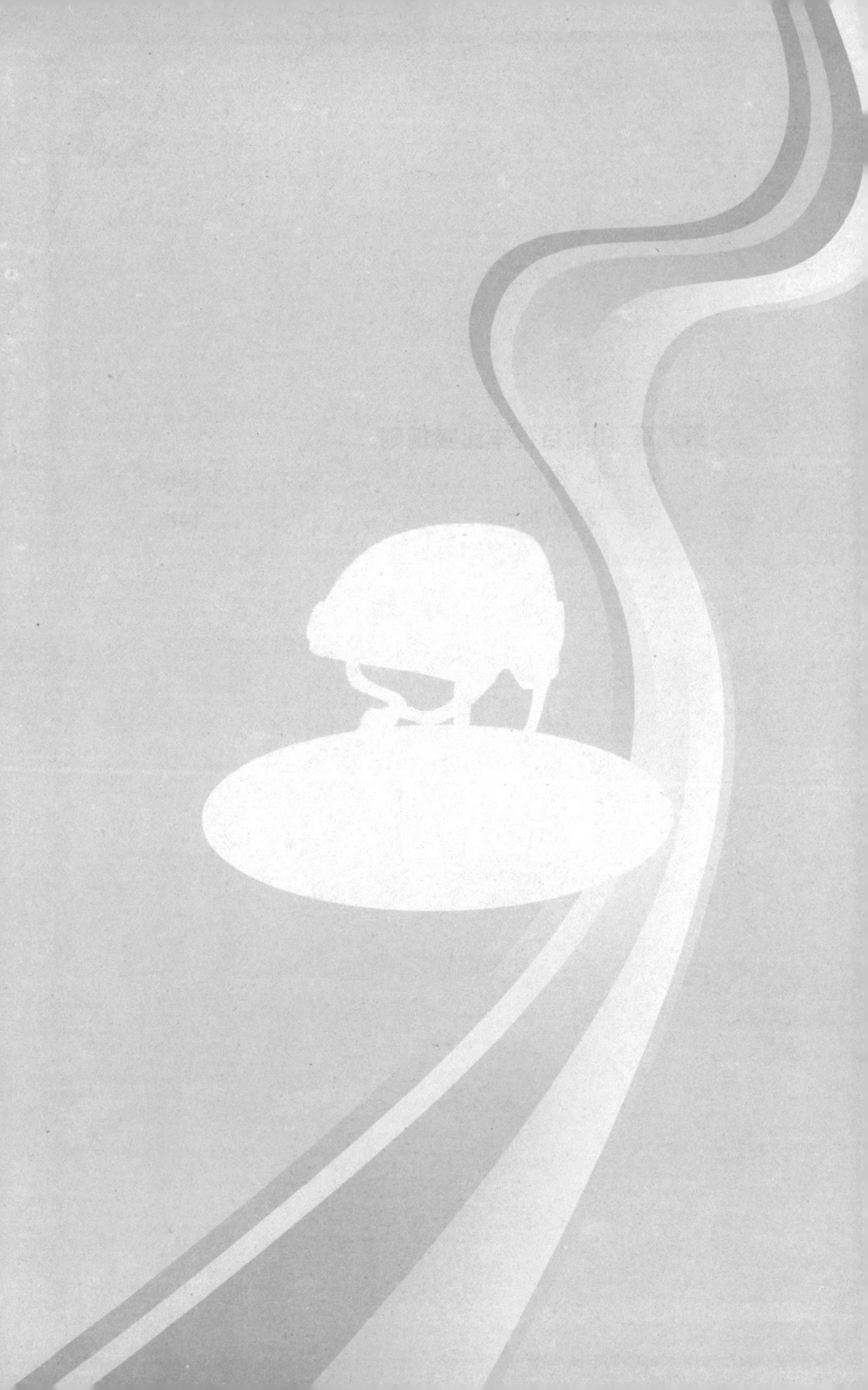

攀岩

第一章 运动保护

"生命在于运动",但是盲目、不科学的运动非但不能起到强身健体的作用,反而会给身体带来一定的伤害。只有掌握体育锻炼的一般性生理卫生知识,科学地进行体育锻炼,才能起到健身强体的作用。

第一节 生理卫生

青少年在进行体育运动时，除了应进行一般性的身体检查和必要的咨询外，还要注意培养运动兴趣和把握适当的运动强度。

一、培养运动兴趣

在进行体育运动前，必须培养自己对体育运动的兴趣。培养对体育运动的兴趣方法有很多，如观看体育比赛，与同学、朋友进行体育比赛等。有了浓厚的兴趣，就能自觉地投入体育运动之中，从而达到理想的体育锻炼效果。

二、控制运动强度

因为青少年进行体育运动，主要是在享受体育运动的过程中增强体质，提高健康水平，而不仅是为了创造运动成绩，所以运动强度不宜过大。控制运动强度最简单的办法是测定运动时的脉搏。对青少年来说，运动时的脉搏控制在每分钟140次左右较为合适。

第二节 运动前准备

运动前进行充分的准备活动,对于青少年来说是非常重要的。一些青少年体育运动爱好者,常常不重视运动前的准备活动,导致各种运动损伤,影响运动效果,也容易失去对体育运动的兴趣,甚至产生对体育运动的畏惧心理。因此,青少年在进行体育运动前,必须做好充分的准备活动。

一、准备活动的作用

运动前做好充分的准备活动能够对肌肉、内脏器官有很大的保护作用,同时还可以提前调节运动时的心理状态。

(一)提高肌肉温度,预防运动损伤

运动前进行一定强度的准备活动,不仅可以使肌肉的代谢过程加强,温度增高,黏滞性下降,提高肌肉的收缩和舒张速度,增强肌力,同时还可以增加肌肉、韧带的弹性和伸展性,减少由于肌肉剧烈收缩而造成的运动损伤。

(二)提高内脏器官的功能水平

内脏器官的功能特点之一就是生理惰性较大,即当活动开始、肌肉发挥最大功能水平时,内脏器官并不能立刻进入最佳活动状态。

(三)调节心理状态

青少年进行体育锻炼不仅是身体活动,同时也是心理活动。研究证明,心理活动在体育锻炼中起着非常重要的作用。体育锻炼前的准备活动,可以起到心理调节的作用,即接通各运动中枢间的神经联系,使大脑皮层处于兴奋状态。

二、如何进行准备活动

一般来说,准备活动主要应考虑内容、时间和运动量等问题。

(一)内容

准备活动可分为一般准备活动和专项准备活动。一般准备活动主要是一些全身性的身体练习,如跑步、踢腿、弯腰等。一般准备活动的作用在于提高整体的代谢水平和大脑皮层的兴奋状态,减少运动损伤的发生。专项准备活动是指与所从事的体育锻炼内容相适应的动作练习。

下面介绍一套一般准备活动操，供青少年运动前使用。这套活动操主要包括头部运动、肩部运动、扩胸运动、体侧运动、体转运动、髋部运动和踢腿运动等。

1. 头部运动

头部运动的动作方法（图1-2-1）是：

两手叉腰，两脚左右开立，做头部向前、向后、向左、向右，以及绕环运动。

2. 肩部运动

肩部运动的动作方法（图1-2-2）是：

手扶肩部，屈臂向前、向后绕环，以及直臂绕环。

3. 扩胸运动

扩胸运动的动作方法（图1-2-3）是：

屈臂向后振动及直臂向后振动。

4. 体侧运动

体侧运动的动作方法（图1-2-4）是：

两脚左右开立，一手叉腰，另一臂上举，并随上体侧屈而摆动。

5. 体转运动

体转运动的动作方法（图1-2-5）是：

两脚左右开立，两臂体前屈，身体向左、向右有节奏地扭转。

6. 髋部运动

髋部运动的动作方法（图1-2-6）是：

两脚左右开立，两手叉腰，髋关节放松，向左、向右各做360°旋转。

7.踢腿运动

踢腿运动的动作方法(图 1-2-7)是：

两臂上举后振，同时一腿向后半步，然后两臂下摆后振，同时向前上方踢腿。

图 1-2-1

图 1-2-2

YUNDONG BAOHU 运动保护

图 1-2-3

图 1-2-4

图 1-2-5

007

图1-2-6

图1-2-7

(二)时间和运动量

准备活动的时间和运动量随体育锻炼的内容和量而定，由于以健身为目的的体育运动量较小，因此准备活动的量也相对较小，时间也不宜过长，否则，还未进行体育锻炼身体就疲劳了。半小时的体育锻炼，准备活动时间一般以10分钟左右为宜。

第三节 运动后放松

进行剧烈的体育运动后，有些青少年习惯坐在地上，或是直接躺下来休息，认为这样可以快速消除疲劳。其实不然，这样做的结果不仅不能尽快地恢复身体功能，反而会对身体产生不良影响，正确的做法是运动后做一些整理活动，放松身体。

一、运动后整理活动的必要性

运动后的整理活动不但可以避免头晕等症状，还可以有效地消除疲劳。

(一)避免头晕

人体在停止运动后,如果停下来不动,或是坐下来休息,静脉血管失去了骨骼肌的节律性收缩,血液会由于受重力作用滞留在下肢静脉血管中,导致回心血量减少,心血输出量下降,容易造成暂时性脑缺血,出现头晕、眼前发黑等一系列症状,严重者甚至会出现休克。为了避免这些症状的发生,整理活动是非常必要的。

(二)消除疲劳

除了避免头晕等症状的发生,运动后的整理活动还可以改善血液循环状态,达到快速消除疲劳的目的。

二、放松方法

在运动后放松时,应注意以下几个问题:
(1)做一些放松跑、放松走等形式的下肢运动,促进下肢静脉血的回流,防止体育锻炼后心血输出量的过度下降;
(2)在下肢活动后进行上肢整理活动,右臂活动后做左臂的整理活动,通过这种积极性休息,使身体功能得到尽快恢复;
(3)整理活动的量不要过大,否则整理活动又会引起新的疲劳;
(4)在进行整理活动时,应当保持心情舒畅、精神愉快。

第四节 恢复养护

人体在运动后，除采用休息和积极性体育手段加速身体功能的恢复外，还可以根据体育运动的特点，补充不同的营养物质，以尽快消除疲劳。

体育运动结束后，人体内会产生一种叫作乳酸的酸性物质，它的积累会造成机体的疲劳，使恢复时间延长。所以，我们在体育运动后，应多补充一些碱性食物，如蔬菜、水果等，而动物性蛋白等肉类食品偏"酸"，在运动后的当天可适当减少。

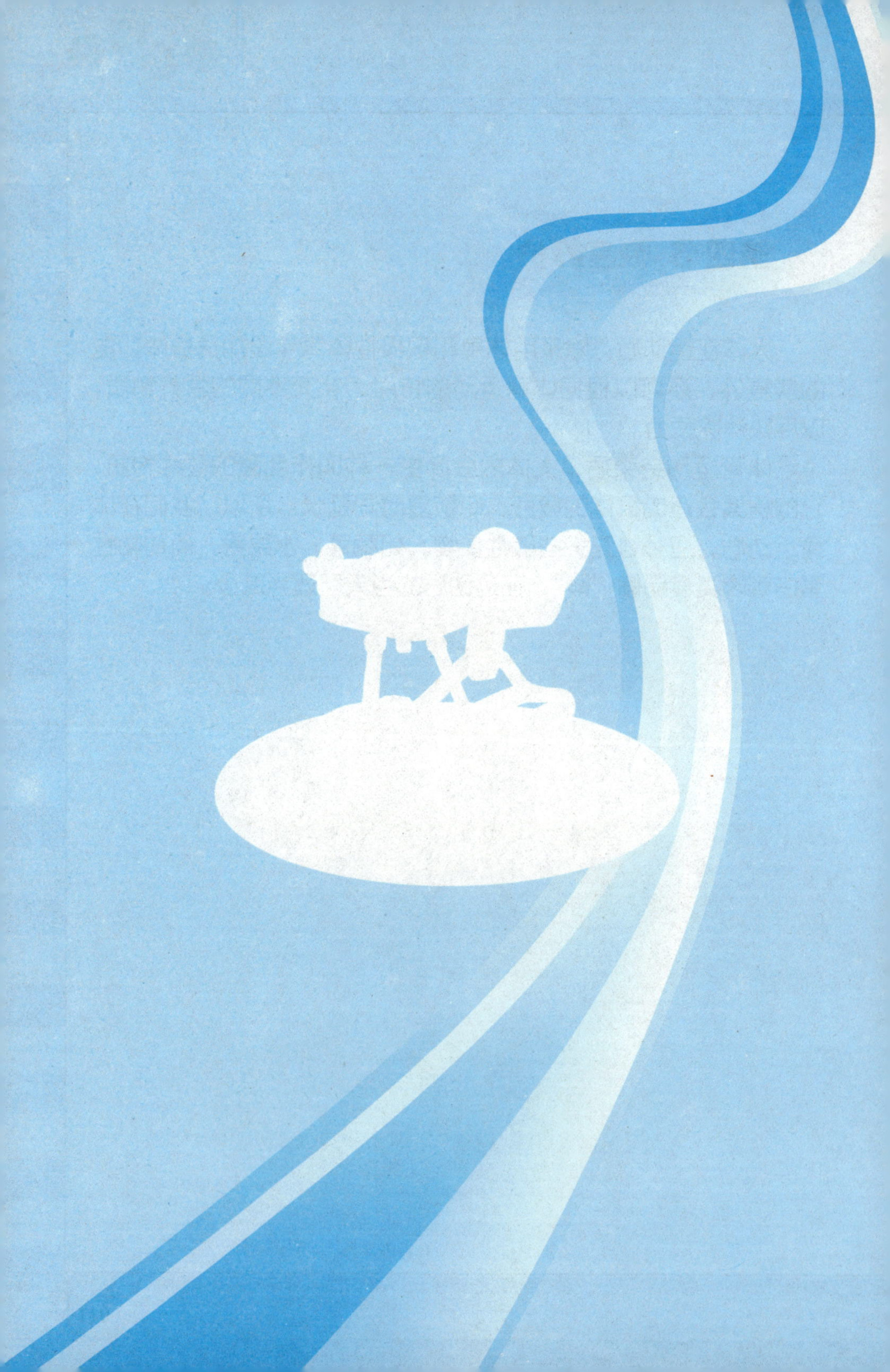

第二章 攀岩概述

攀岩是利用人类原始的攀爬本能，借助各种装备做安全保护，攀登一些岩石所构成的峭壁、裂缝、大圆石以及人工岩壁的运动。它集健身、娱乐、竞技于一体，既要求运动员具有勇敢顽强、坚韧不拔的拼搏进取精神，又需要具有良好的柔韧性、节奏感及攀岩技巧。

第一节 起源与发展

攀岩运动是勇敢者的运动项目，从它的起源和发展就能看出这个项目与其他项目的不同。

一、起源

攀岩运动的起源，最早可追溯到 18 世纪的欧洲登山运动，它是从登山运动中衍生出来的竞技运动项目。

现代攀岩运动兴起于苏联，它最初是军队中的一项军事训练项目。1947 年，苏联首先成立了攀岩委员会。1948 年，苏联在国内举办了首届攀岩锦标赛，这也是世界上第一次攀岩比赛。

攀岩真正变成一项独立的运动项目，首见于 1970 年的法国，在这之前攀岩都是附属在登山活动之下，只是为了克服登山过程中的困难。

1974 年，攀岩运动被正式列入世界比赛项目。

二、发展

1976 年，苏联举办了首届国际攀岩比赛。

1980 年，法国开始举办各种形式的攀岩比赛。

1985 年和 1986 年，意大利成功举办了国际攀岩比赛。

1985 年，法国人弗兰西斯·沙威格尼发明了可以自由装卸的仿自然人造岩壁。

1987年，国际攀登联合会（UIAA）规定，国际比赛必须在人工岩壁上进行，并于当年在法国举办了人工岩壁上的首届比赛。

1989年，首届世界杯攀岩赛分阶段在法国、英国、西班牙、意大利、保加利亚和苏联举行。

1991年，首届世界攀岩锦标赛举行。

1992年，首届世界青年攀岩锦标赛举行。

20世纪80年代后期，中国开始引进这项运动。1987年，中国登山协会派出8名教练和队员去日本长野系统学习攀岩，回国后，于当年10月在北京怀柔大水峪水库自然岩壁举办了第1届全国攀岩比赛。

1990年，在怀柔国家登山队训练基地，我国攀岩比赛首次在人工场地上举行。

1991年1月，亚洲竞技攀登联合会在香港正式宣布成立，这标志着亚洲的攀岩运动进入了一个新的阶段。

1993年，国家体委将攀岩比赛列入正式比赛项目，并筹划了最具权威的高水平赛事——全国攀岩锦标赛。

1999年，中国首届极限运动大赛在浙江湖州举行，攀岩以其独特的魅力成为该赛事的支柱项目，此后每年都举行一次。

第二节 特点与价值

攀岩运动以其特有的魅力和突出的特点感染着人们，备受广大青年朋友的喜爱。它具有铸造品质、锻炼身体以及文化体育价值。

一、特点

(一)惊险刺激

惊险刺激是攀岩最根本的特点。攀岩能充分满足人们要求回归自然、寻求刺激、挑战自然、挑战自我的欲望,这也是它深受人们喜爱的原因。

(二)观赏性强

攀登者在岩壁上稳如壁虎、矫似雄鹰,这使攀登成为一项极具美感和观赏性的运动,被许多人誉为"岩壁芭蕾"。

二、价值

(一)铸造品质

攀岩参与者会在与悬崖峭壁的抗衡中学会坚强,在与大山的拥抱中感受宽容,在征服攀登路线后享受成功与胜利的喜悦。

(二)锻炼身体价值

攀岩运动具有有氧运动的健身功能,能全面提高身体素质、心肺功能和肌肉耐力，促进肌体各组织器官的协调工作，使人体达到最佳功能状态。此外，攀岩能带给青少年挑战的享受，使人心情愉快，陶醉于锻炼的乐趣中，减轻心理压力，促进青少年身心健康发展。

（三）文化体育价值

体育是人类社会文化生活的一个重要组成部分，青少年可以通过业余时间参与攀岩运动，来达到强身健体、娱乐身心、加强人际交流的目的，并促进青少年之间建立良好的团队合作精神，培养他们的责任心和信任感。

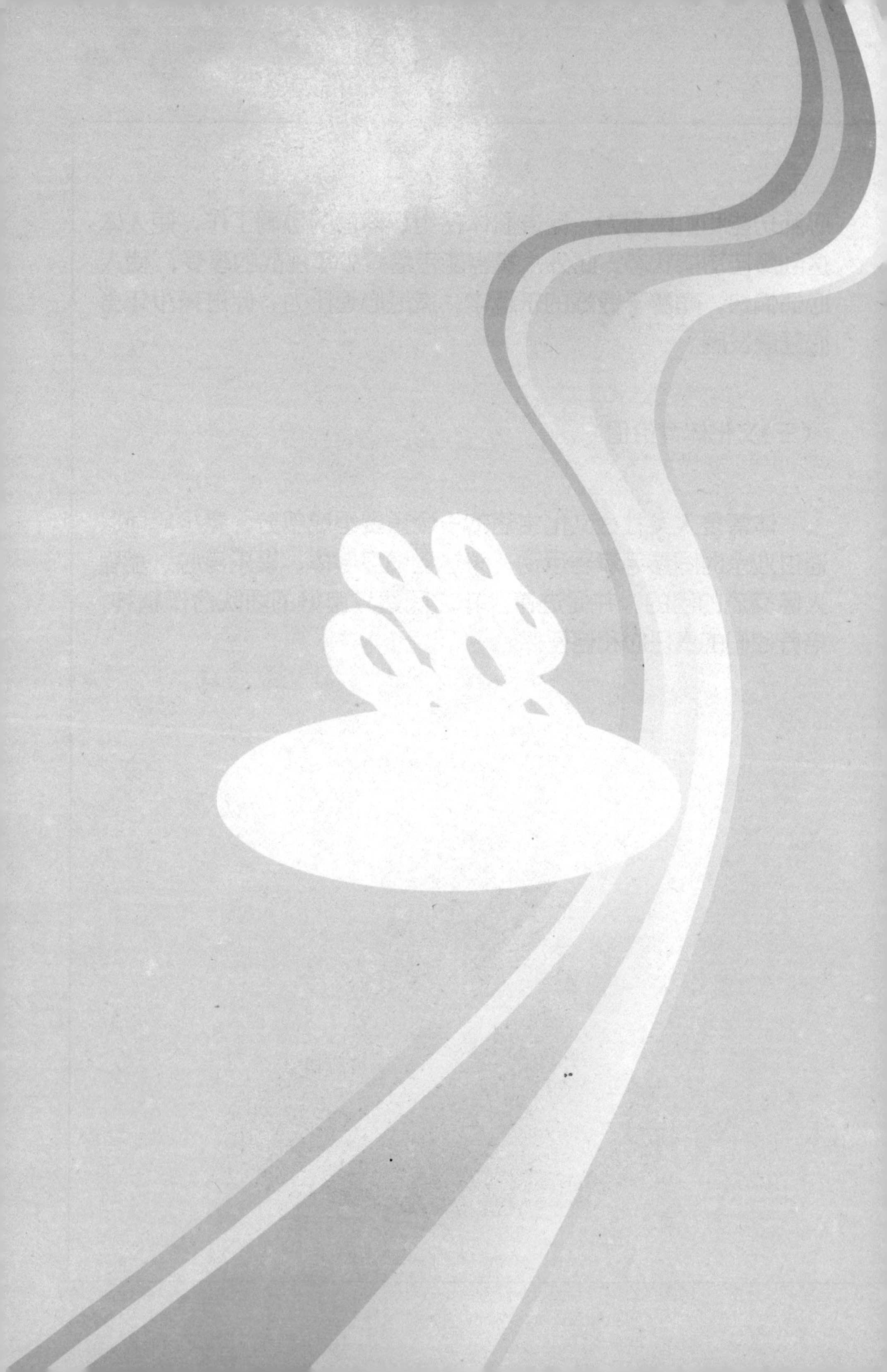

第三章 攀岩场地和装备

攀岩运动具有很强的观赏性和艺术性，还具有一定的危险性，因此对场地、器材和装备都有一定的要求。高质量的场地是攀岩运动开展的前提条件，良好的器材和装备是运动参与者高水平发挥的必要保障。

第一节 场地

攀岩所需要的场地和其他竞赛场地不同，有着严格的条件限制。

一、规格

(一)室外攀岩场

1. 天然攀岩场

天然攀岩场是指天然形成的攀岩场地（见图 3-1-1）。

2. 人工攀岩场

人工攀岩场是经过加工和修复后才能使用的，它要根据不同的使用人群进行修建。

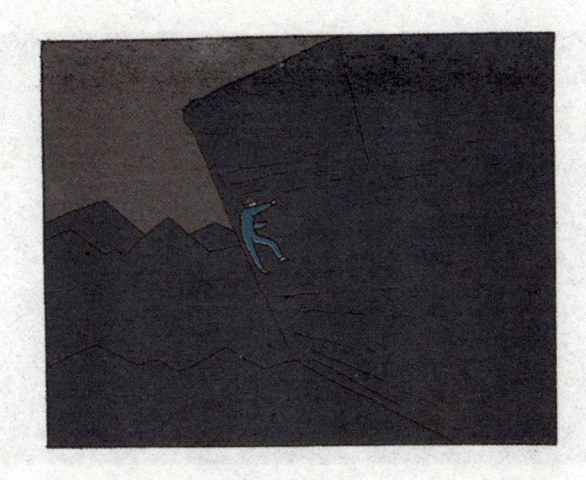

图 3-1-1

(二)室内攀岩场

室内攀岩场是指在室内的一面高墙上人为地修上可以用于攀和蹬的附着物的攀岩场地(图 3-1-2)。

图 3-1-2

二、设施

在室内攀岩场进行攀岩运动的危险性不是特别大,而在室外天然攀岩场进行攀岩运动随时都有生命危险,所以攀岩的设施要求非常严格。下面主要介绍一下人工攀岩场的设施:

(一)造型岩板

由于加工方法和使用的材料不同,造型岩板分为以下几种:

1.木制岩板攀岩场

此种岩场的造价便宜,岩面的变化度比较丰富,为了增加木板表面的变化,还可以加装一些突出的巨型雕塑岩块。但是木板制造的岩场防水性不是特别好,并不适合建在室外;木板岩场的表面处理也是要考虑的重点,若只是普通油漆加石粉,不但摩擦力不好,而且可能攀爬几次表面的漆就掉光了。

2.复合材料攀岩场岩板

此种岩板强度高、防水、阻燃、仿真性高、纹理自然、抗老化,且造价适中,基本材料是玻璃纤维补以多元树脂,最大的优点是可以自由组合,如积木般组装成简单或是变化复杂的岩场。加上本身的材料特性,表面浮雕及粗糙化处理,使得它的触感和立体感变化多样,在诸多的国际比赛中被选用。

3.硅铝合金攀岩场岩板

此种岩板美观、强度高,除可平时作为攀岩练习外,也可作为比赛用的场地,更可以利用电动或油压装置,迅速调整岩板的倾斜角度来构成悬岩攀登面,但造价偏高。在预算许可的情况下,也可被作为特色,以吸引更多的使用者。

4.喷浆混凝土攀岩场岩板

这种岩场是在造型确认后,先利用钢盘组成整个岩场的骨架结构,再在其上覆上一层增加结构强度的钢网,最后再喷浆。在混凝土还未硬化时,由具有攀岩经验的技术人员,利用手工做出仿真

岩石的表面，再打上固定点，锁上岩块即大功告成。

喷浆岩场不像木质或合成岩板等模组化的岩场，可以随时拆装，一旦完工就不能再做更动。它的设计也完全没有岩板组合的限制，造型可以天马行空地自由发挥，使得每一座喷浆岩场都是世上独一无二的艺术雕塑品。

(二)岩壁支架

岩壁支架是由槽钢或钢管连接在一起组成的固定的主体结构。此部分为岩墙结构的重要组成部分，在市场中许多投资商看重岩板的质量，而忽略了对钢架的严格要求，这是不正确的。岩板是和运动员直接接触的物体，质量很重要，但是作为承载岩板的钢架也起着至关重要的作用。通常室外攀岩场在没有坚固建筑物依靠的情况下，必须根据岩场的高度做一定深度的地下基础部分，以确保整个岩场的安全性。

(三)攀岩支点

支点是攀岩者在人工岩场攀登过程中接触最多的物件，它是由岩块组成的，所以岩块的品质对整体岩场的优劣有很大的影响。岩块的形状各异，有方的、圆的和多角的。岩块是否坚固耐用，是否伤手，是否会松动，这些都应该事先加以注意。

第二节 装备

攀岩是一项具有一定危险性的运动,因此对装备的要求非常严格,主要分为保护性装备和辅助性装备两大类。

一、保护性装备

(一)主绳(图 3-2-1)

1. 动力绳

动力绳主要用于攀岩,直径 9.5~12 毫米,常用的为 10 毫米或 10.5 毫米,抗拉力 22~30 千牛,弹性系数 6%~8%。

2. 静力绳

静力绳主要用于下降和探洞,直径 9.5~12 毫米,常用的为 10 毫米或 10.5 毫米,抗拉力 22~30 千牛,弹性系数约为 0。

3. 注意事项

(1)每次使用前应进行检查,被落石击中应立即进行检查;

(2)绝对避免放在锐利的岩角上进行横向切割,不准踩、拖或当坐垫,以防岩屑、细沙留在纤维里,缓慢切割绳子;

（3）避免接触酒精、汽油、油漆、油漆溶剂和酸碱性化学药品。

图 3-2-1

（二）安全带（图 3-2-2）

1. 用途

安全带用于承载因攀登者脱落或下降而产生的重量和冲力。

2. 注意事项

（1）分清上下、里外、左右，不可颠倒、扭曲，带子必须反扣回去，反扣的带子长度大于 8 厘米，穿好后必须检查；

（2）攀登过程中不能解开安全带，装备挂环不用于任何形式的保护。

图 3-2-2

(三)铁锁(图 3-2-3)

1. 用途及性能指标

在保护系统中用于刚性连接,纵向拉力大于 20 千牛,横向拉力大于 7 千牛,开门拉力大于 7 千牛。

2. 分类

(1)丝扣锁,用于相对永久性的保护点;

(2)简易锁,用于临时性的保护点。

3. 注意事项

(1)保证纵向受力,丝扣锁在使用过程中要拧紧丝扣;

(2)尽量避免坠落,若坠落高度超过 8 米,并撞击到硬物,就会损坏。

图 3-2-3

(四)绳套

1.用途

绳套在保护系统中用于软性连接。

2.分类及性能指标

(1)机械缝制,抗拉力达 22 千牛;

(2)手工打结,抗拉力随扁带(或圆绳)的性质及打结的方式不同而改变,很难达到 20 千牛。

(五)下降器(图3-2-4)

1.用途

在保护和下降过程中，通过下降器与保护绳之间产生的摩擦力来减小操作者所需的握力。

2.分类

(1)"8"字环类下降器

"8"字环类下降器是最普遍的下降器，没有复杂的机械机关，因此在使用的时候不会出现机械性故障，对所使用绳子的直径要求不是特别高。

(2)ATC类下降器

ATC类下降器的操作和"8"字环的一样简单，绳索过锁后不容易发生变形。

(3)机械性制动类下降器

机械性制动类下降器的操作复杂，但可以自锁，并可通过用手调控自由绳端来控制下降速度。

图 3-2-4

(六)上升器(图 3-2-5)

上升器用于单绳技术中的向上运动。根据不同的用手习惯,分左式与右式两种。

图 3-2-5

(七)头盔(图 3-2-6)

头盔用于保护攀登者的头部,是攀岩运动的必备装备。

图 3-2-6

二、辅助性装备

(一)攀岩鞋(图 3-2-7)

鞋底采用特殊的橡胶,摩擦力大,使用时应选择小号,这样能与脚成为一体,有利于用力。

图 3-2-7

(二)防滑粉袋

　　防滑粉袋内装碳酸镁粉末,用于吸收手上的汗液和岩壁表面的水分,以增大摩擦力。粉袋挂于腰后,双手可以随时蘸取。

第四章 攀岩基本技术

攀岩基本技术是初学攀岩者必须掌握的基础知识，包括绳结技术、保护技术、攀登技术和攀岩流程等。

第一节 绳结技术

绳结技术是攀岩技术中最重要的环节，包括基本绳结、连接安全带、连接固定点和绳间连接等。

一、基本绳结

单结是最基本的结，常在绳头、绳尾使用，以防止绳端松开或作为绳结的保险，打结方法见图 4-1-1。

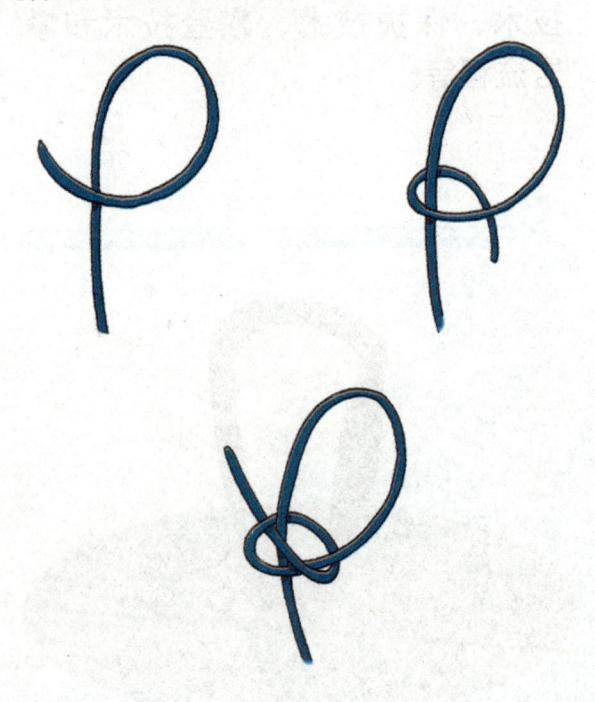

图 4-1-1

二、连接安全带

攀岩运动中经常需要连接安全带,根据不同的要求可以打不同的结,包括双"8"字结和布林结。

(一)双"8"字结

双"8"字结常在先锋攀登时使用,特点是方便、结实,需要注意的是打结时绳结不能太大,打结方法见图 4-1-2。

图 4-1-2

(二)布林结

布林结常在顶绳攀登中的连接时使用,特点是方便快捷,但不受力时容易松动或完全脱开,打结方法见图 4-1-3。

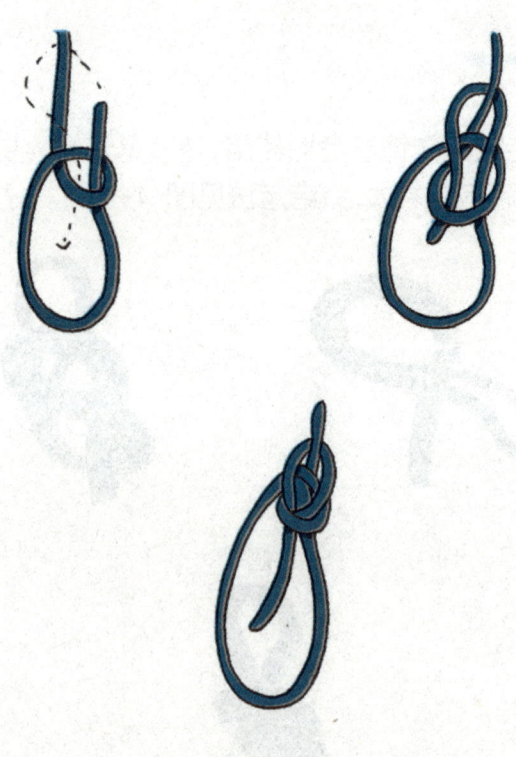

图 4-1-3

三、连接固定点

双套结常用于连接双向受力、开放性的固定点（如铁锁、树桩等），特点是绳端负荷消失时易于解开，打结方法见图 4-1-4。

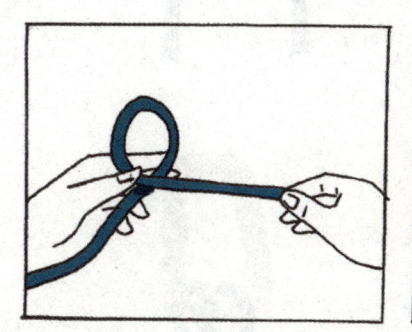

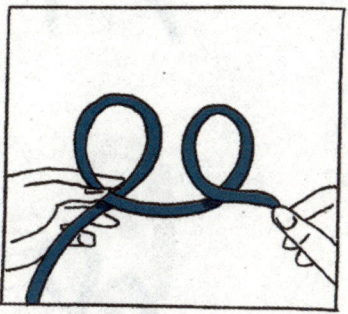

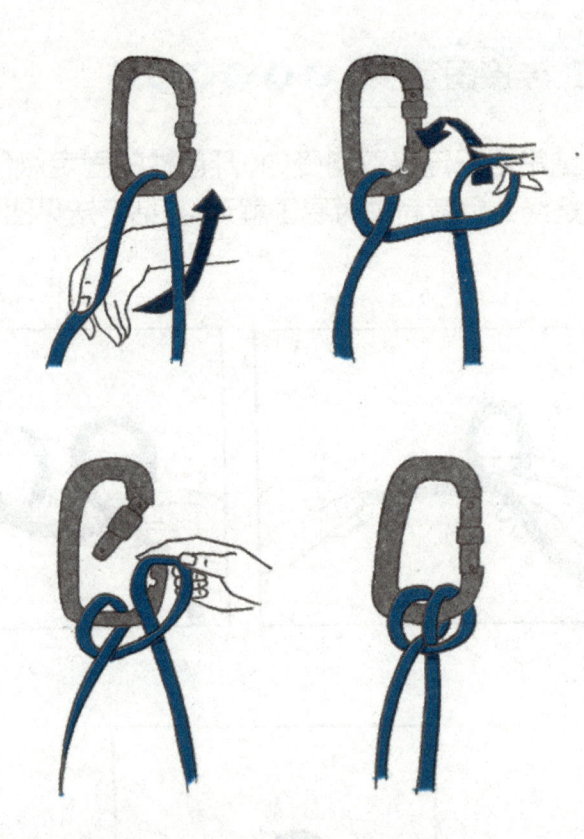

图 4-1-4

四、绳间连接

　　绳间连接的技术比较多,可以根据不同的用途进行使用,包括单"8"字结、渔人结、水结、交织结、平结、爪结和阿尔卑斯蝴蝶结等。

(一)单"8"字结

单"8"字结常在连接主绳时使用,打结方法见图 4-1-5。

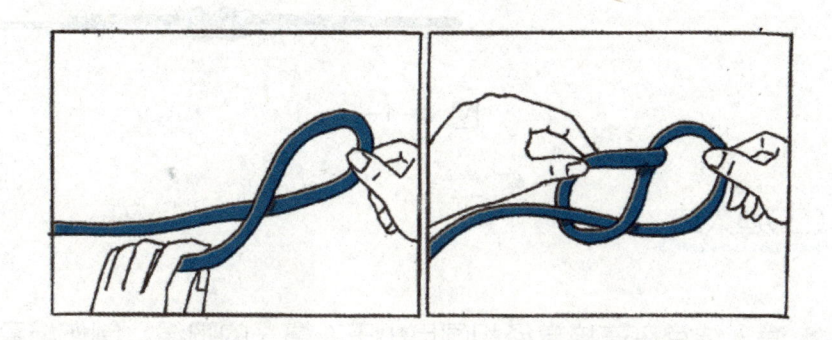

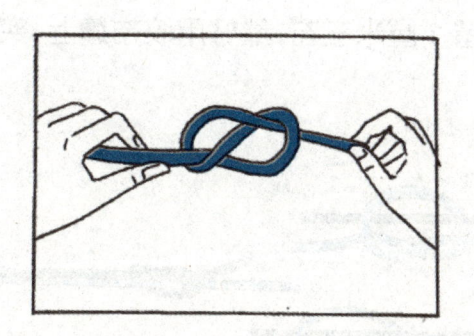

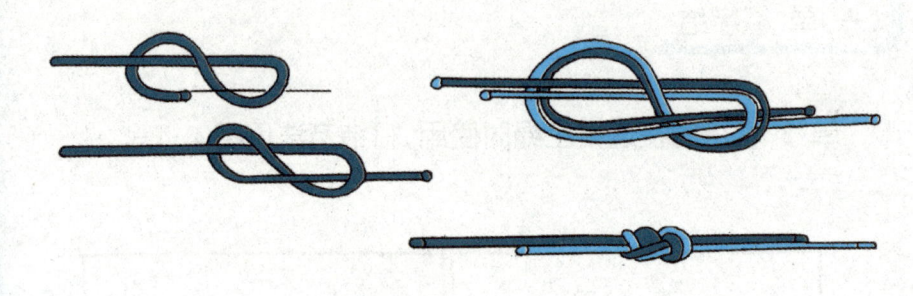

图 4-1-5

（二）渔人结

渔人结常在连接直径相同且小于 8 毫米的圆绳，制作绳套时使用，打结方法见图 4-1-6。

注意：绳尾留 3 厘米左右，最好用胶布缠上，实用的多为双渔人结。

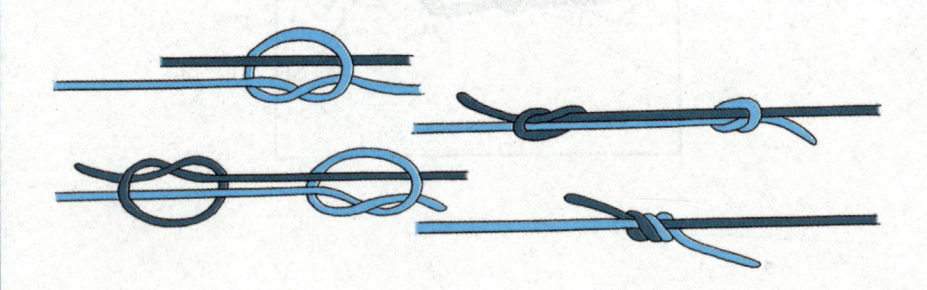

图 4-1-6

（三）水结

水结常在连接扁带，制作绳套时使用，打结方法见图 4-1-7。注意：绳尾应留 3 厘米左右。

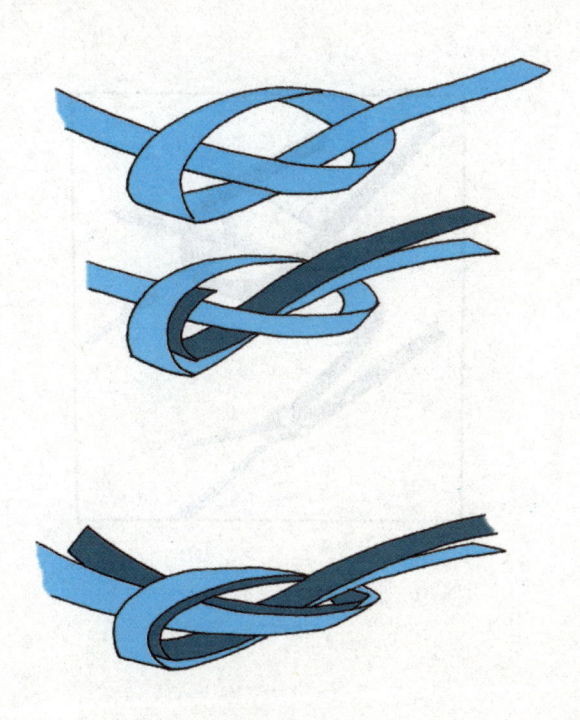

图 4-1-7

(四)交织结

交织结常在连接两条粗细不同的绳子时使用,打结方法见图 4-1-8。

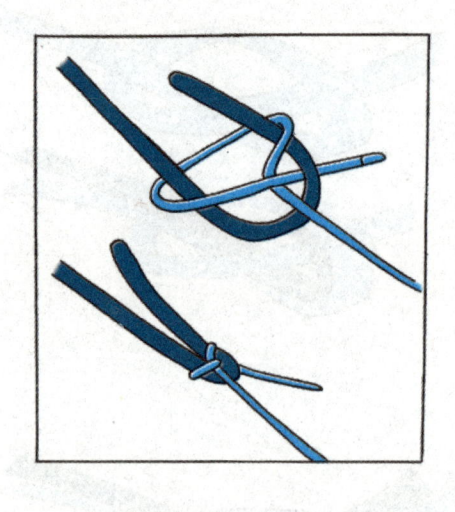

图 4-1-8

(五)平结

平结常在连接两条粗细相同的绳子或连接绳套增加整体长度时使用,打结方法见图 4-1-9。

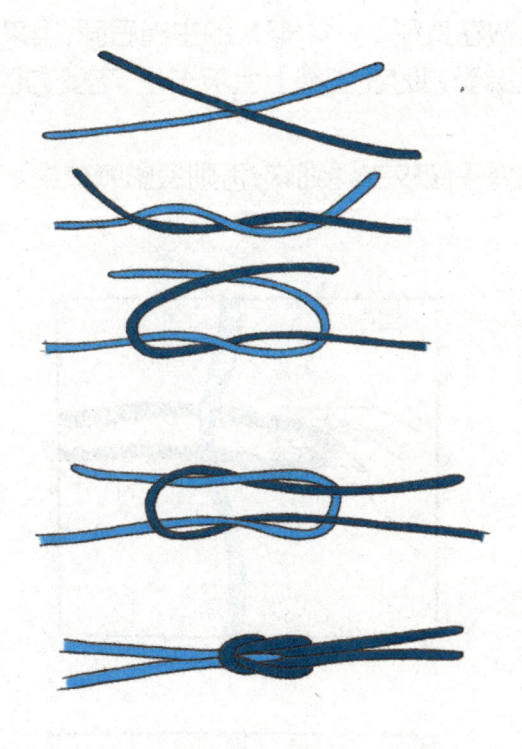

图 4-1-9

(六)爪结

普式爪结是19世纪初普式加鲁博士(医生)首用,因太常用,一般说到爪结就是指这个结,打结方法(图4-1-10)是:

(1)用双渔翁结将一条直径5~6毫米、长35~40厘米的菊绳的两端连接成绳套;

（2）绳套放在直径 9～11 毫米的主绳后面，用来代替上升器；

（3）当爪结受力时在主绳上会被卡住，不受力时可在主绳上上下移动；

（4）爪结绳子应较主绳细软，否则会影响效果。

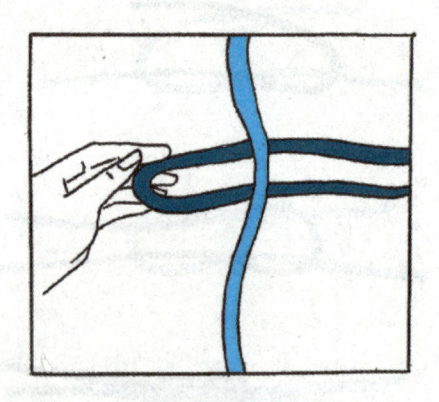

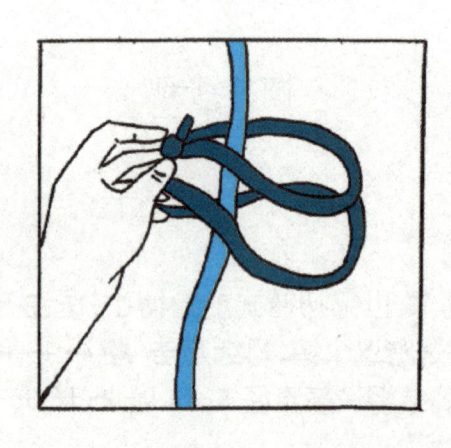

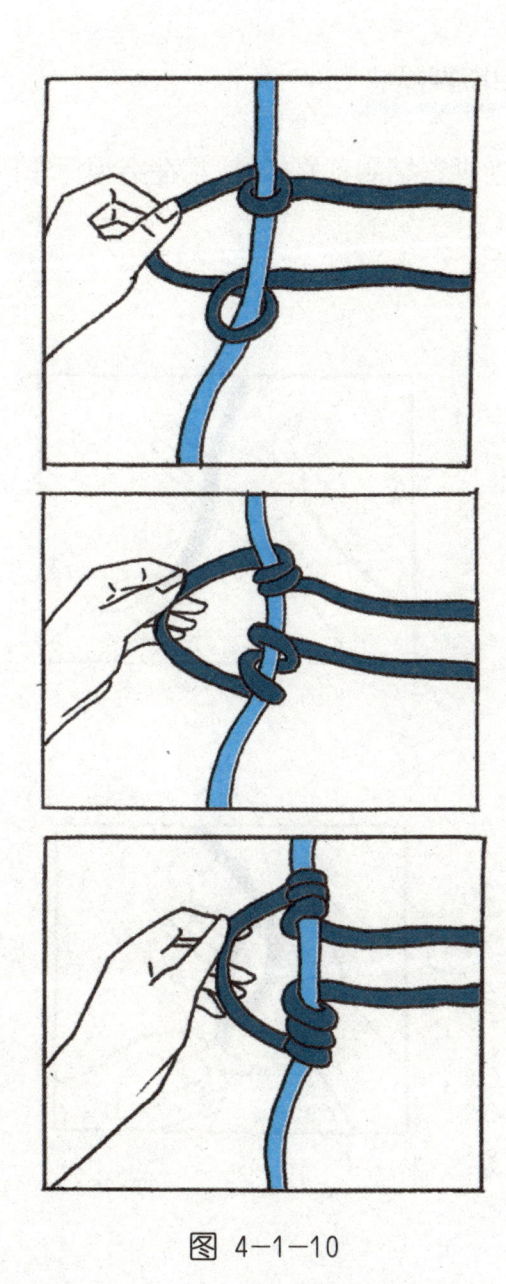

PANYAN JIBEN JISHU 攀岩基本技术

图 4-1-10

(七)阿尔卑斯蝴蝶结

阿尔卑斯蝴蝶结简称蝴蝶结,常在结组行军时使用,打结方法见图 4-1-11。

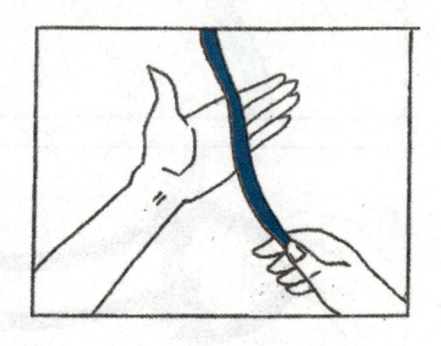

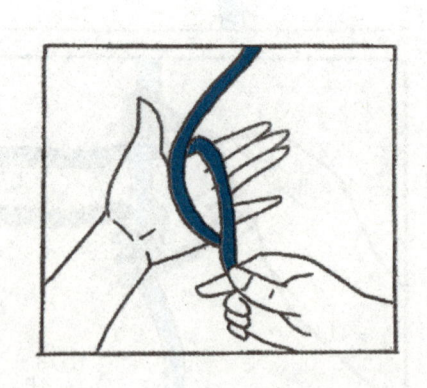

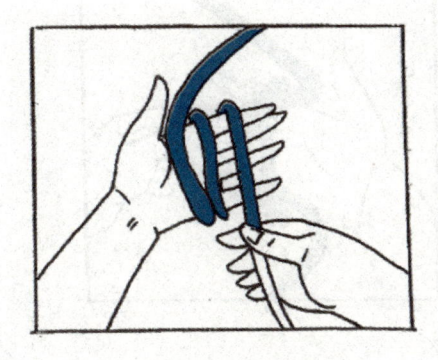

PANYAN JIBEN JISHU   攀岩基本技术

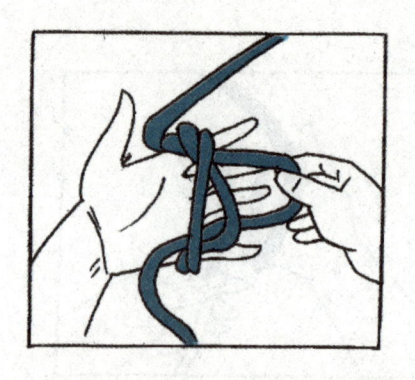

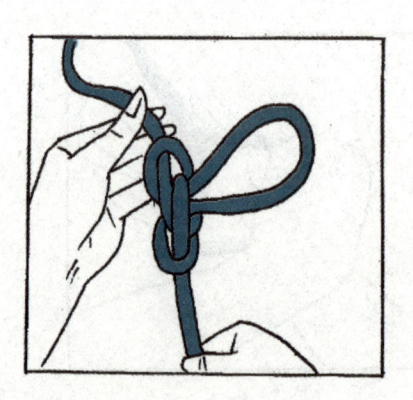

图 4-1-11

第二节 保护技术

保护技术是指根据岩壁条件，运用相应的保护装备进行的保护方法等。

一、保护点设置

设置保护点所需的装备有绳套、铁锁、挂片、膨胀锥、岩锥、机械塞和螺钉等，包括顶点设置和中间点设置等。

（一）顶点设置

顶点设置包括一个固定点、两个固定点和三到四个固定点等。

1. 一个固定点（图4-2-1）

一个固定点仅适用于人工岩壁（条状），绳套的使用方法较普遍。

2. 两个固定点（图4-2-2）

两个固定点适用于人工岩壁（点状），用膨胀锥或大树制造固定点时也用两个固定点。

3. 三到四个固定点（图4-2-3）

当使用岩锥、机械塞、螺钉等，利用岩壁裂缝制造固定点时，至少需要三个点均匀受力才是安全的，有时还需要有四个点。

图 4-2-1

图 4-2-2

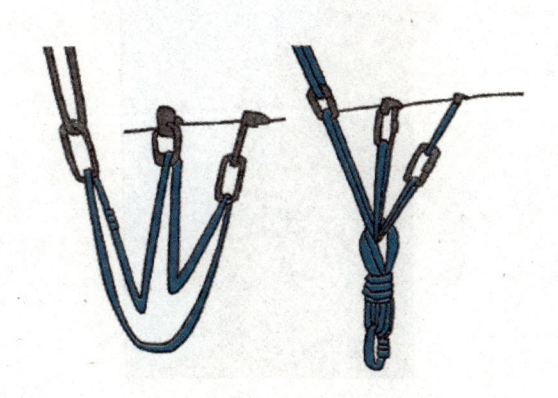

图 4-2-3

(二)中间点设置

中间点的设置分为竞技攀登路线和非竞技攀登路线两种情况。

1. 竞技攀登路线

在竞技攀登路线中,中间点的设置方法(图 4-2-4)是:人工岩壁用挂片,自然岩壁用膨胀锥。

2. 非竞技攀登路线

在非竞技攀登路线中,中间点的设置可利用裂缝、树木、石桥、鸡角状岩体等,可使用的装备有岩锥、机械塞、螺钉等,具体设置要根据岩壁的特点选择最合适的装备,其成功率很大程度上依赖于攀登者的经验,需要不断实践。

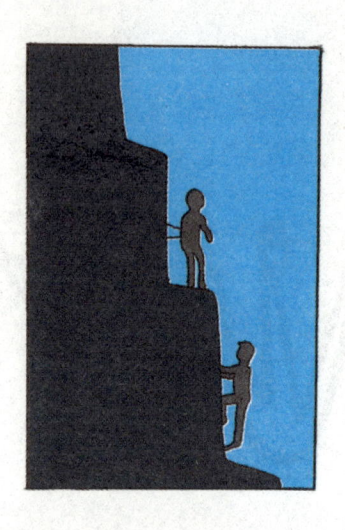

图 4-2-4

二、保护方法

保护方法是根据自己所处不同位置而采取的合理有效的手段。保护方法包括上方保护法和下方保护法两种。

(一)上方保护法

上方保护法常在将保护点设置在路线顶部时使用,特点是安全性很高,适用于训练或初学者攀爬,保护方法(图 4-2-5)是:
(1)任何时间都有一只手紧握通过下降器的绳子;
(2)拉绳子时,双手要协调配合;

(3)拉绳子时,要缓慢匀速;
(4)攀登者要集中注意力,应有一定的预见性;
(5)选择最佳的位置和站立姿势。

图 4-2-5

(二)下方保护法

下方保护法常在先锋攀登时使用，保护点之间的距离根据需要而定，一般起步时距离较近(1.5~2米)，离开地面五六米后可适当加长到3米甚至更长，保护方法(图4-2-6)是：

(1)任何时间都有一只手紧握通过下降器的绳子；
(2)绳子要根据攀登者的需要随时收放，松紧度适中；
(3)时刻关注攀岩者的动作，应有一定的预见性；
(4)攀登者脱落时，不要立刻收紧绳子，而应给予一定的缓冲过程；
(5)攀登者可能会出现危险时，应及时给予提醒。

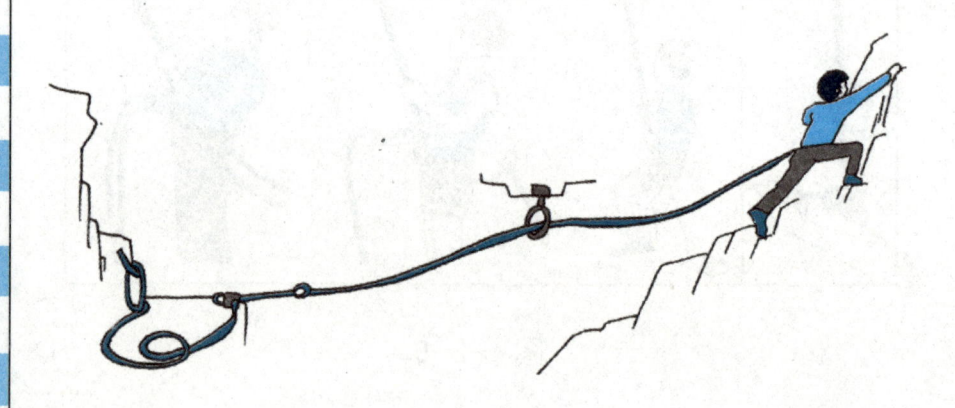

图 4-2-6

第三节 攀登技术

攀岩需要良好的身体条件,更需要全面的技术和丰富的经验。学习攀登技术,实践很重要,应在攀登中不断练习。

一、初学攀登

由于技术、经验及心理等多方面的因素,初学者刚涉足攀岩时体力消耗很大,很容易疲劳。为了解决这一问题,初学者应对攀岩有一个整体认识,克服心理障碍,并掌握最基本的攀岩方法。

(一)整体认识

1. 基本认识

(1)手脚的配合、全身的协调能使攀登流畅、舒展;

(2)身体的平衡能力、灵巧性和柔韧性,在克服自身重力方面,比使蛮劲更有效;

(3)耐久力尤为重要;

(4)用脚来支持体重,会大大节省臂力;

(5)攀岩的最佳效果是用最小的力量达到最高的攀爬能力;

(6)有效的休息是攀岩成功的关键。

2. 用脚攀登

攀岩的主要用力部位是腿脚,而不是手臂。攀登者若能充分利

用腿部力量,发挥脚的作用,可大大提高攀爬能力;还应尽量用脚来支撑身体重量,减轻对臂力和手指力量的依赖,并注意平衡。用脚攀登应注意以下几点:

(1)在仰角面上,身体应垂直水平面,不要贴近岩壁,这样能够增大压力,使脚和岩面之间的摩擦增大;

(2)在垂直岩面上,臀部要紧贴岩壁,尽量多用腿部力量站立,不要单用臂力,手臂有机会就要放直,尽量避免长时间的弯曲;

(3)当手点较大时,注意休息,伸直手臂,降低重心,屈膝或采取下蹲的姿势,使双脚承担大部分重量。

3.用眼观察

用眼观察要注意以下几点:

(1)攀登过程中,要拓宽视野,集中注意力;

(2)边攀登,边观察线路,然后做出尽量有效的动作;

(3)手点最好在头部高度左右,这样容易寻找下一个手、脚点。

(二)克服心理障碍

攀岩是一项自我挑战的运动项目,初学者应克服心理障碍,勇敢面对。克服心理障碍需注意以下几点:

(1)要选择一个有安全保证的场所,包括场馆条件、技术装备、专业教练等;

(2)若头几回的确有问题,可多尝试,慢慢克服。

(三)基本方法

三点固定法是基本的攀登方法,即一次只移动一手或一脚,其他三点不动。使用三点固定法攀岩时,应注意以下几点:
(1)放手移向下一个手点前,必须保持自己身体的平衡状态;
(2)尽量降低重心,使双脚支撑体重;
(3)移动新的脚点时,先将重心移至支撑脚。

二、攀登方法

攀登需要一定的技术方法,这些方法只有通过不断的练习才能很好地掌握。攀登方法包括手法、脚法、重心移动、节奏控制和线路规划等方面。

(一)手法

攀岩时,手大部分是用来控制平衡的。支点与手之间的接触力量是关键,不管岩壁角度如何,抓点时切不要在手上使太多的力;相反,在抓点时手一定要放松,用最小限度的力。如果手抓点时用力过大,手臂力量就会很快失去。

选择手点时,要有计划地找出最佳的抓点顺序,尽量把双手保持在肩上面的支点上。岩壁上的支点形状很多,攀登者对这些支点的形状要熟悉,针对不同的支点应使用不同的手法,包括紧握、开握、抠握、反抠、曲握、捏和"洞点"的攀法等。

1. 紧握

紧握常在手指触摸支点时使用,动作方法(见图4-3-1)是:

(1)不断地来回调整手指的位置,寻找最佳抓握位置;

(2)当手指抓住支点某一凸凹的边缘时,紧抓不放;

(3)可以用手掌去握住某些支点,而不仅仅依靠手指,整个手掌的抓握可以增加抓握的稳定性;

(4)当找到一个最佳的抓握位置时,手指就不要再动,太多的犹豫会导致脱落。

2. 开握

开握是很多攀岩者都喜欢的方式,是指依靠支点的边缘或某些点的小洞,来支撑手指的第二关节,它能很好地训练手与支点的接触力量,动作方法(图4-3-2)是:

(1)手平坦地靠在岩面上张开,使手指与支点充分接触,整个手掌不用紧握支点;

(2)大拇指的作用一般较小,但如果支点是倾斜的,则用大拇指与其他手指捏住该点;

(3)手指要跟着支点的轮廓,而不要受制于手形。

3. 抠握

当手遇到的支点相对较小时,常使用抠握,动作方法(见图4-3-3)是:

(1)四指并拢后套住支点,再用大拇指压住食指,这样支点就被完全套在手中,此时大拇指的力量很关键,因为大拇指既要锁住手指,又要靠住岩板;

(2)在做抠握时,避免手指承受没有必要的压力和拉力,以免手指受伤;

（3）如果支点过小，抠握就会感到手指的肌腱被压迫得很疼，这时最好使用开握。

4. 反抠

反抠常用来维持平衡。一般情况下，当手掌朝上、向上抓点时，都用反抠动作，它是通过手与手或是手与脚之间的反作用来实现的。这是一个很有创意的动作，主要依靠直觉和对岩壁支点的理解来完成。

（1）在手反抠时，手要尽可能伸到支点的背后；

（2）如果用脚来反抠一点，一只脚正压在支点的上部，另一只脚用脚尖反抠该点的下部，两脚的用力方向相对，但在一条直线上。

5. 曲握

曲握常在攀岩休息时使用。

（1）手掌弯曲，四手指并拢，大拇指压在食指上，用手掌的外边缘抠握支点，依靠大拇指的力量来控制手形，给其余手指一个很好的放松机会；

（2）在大支点上，弯曲手腕、曲握支点，把前臂的力量转移到骨头上，以放松前臂。

6. 捏

当一个支点的形状没有可把住的边，而且只能靠手指的摩擦力时，可以使用捏来增加握点的可靠性。

（1）大拇指捏的方向与手指抓的方向一般是相对的；

（2）有时大拇指也可以压在支点的边上，压的方向与四指的方向呈90度；

（3）当支点很小时，只能用拇指和食指的第二关节外侧去捏

握。

7."洞点"的攀法

自然岩壁上时常有许多小洞,这些洞点的大小范围从一条窄缝到可以伸进一根手指、两根手指直至整个手。这些洞点对攀登者有一些难度,攀登时非常耗力,但同时也是非常有趣的。"洞点"的攀登方法。

(1)抓这些支点时,用手先去感觉一下支点里面的情况,找到最深的部位抓握;

(2)单指点是垂拉方向的,用中指靠住食指,可增加抓点的稳定性,如果洞点较大,可用中指和食指去抓;

(3)上手前一定要记住哪些支点(洞点)是适合脚踩的;

(4)在所有洞点中一指点是最难的,如果不小心可能会拉伤手指的肌腱。

图 4-3-1

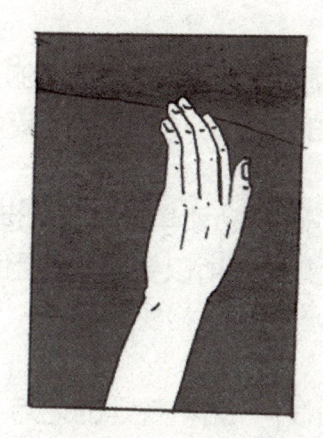

PANYAN JIBEN JISHU 攀岩基本技术

图 4-3-2

图 4-3-3

061

(二)脚法

攀岩的技术性在很大程度上源于踩点的正确选择。攀岩者要用敏锐的目光在陡峭的直壁上发现合适的支点,并选择最佳的方位去踩。

攀岩要达到一定水平,必须学会腿脚的运用。腿的负重能力和爆发力都很大,而且耐力强,所以要充分利用腿脚力量。攀登的脚法包括正蹬、侧蹬、脚后跟勾点和换脚等。

1.正蹬

正蹬的适用范围很广,如不规则的地方、粗糙的地方、有缺口的地方和凹处,也可在屋檐和斜面地带使用,特点是能很好地收紧脚与小腿的肌肉,动作方法(图4-3-4)是:

(1)用鞋正前尖和鞋尖内侧边(拇趾),即运用脚的前部、大拇趾处;

(2)在很小的地方正蹬时,脚跟必须保持相当的高度;

(3)正蹬动作的关键是后脚跟要立起来,初学者要尽可能地增大鞋底与支点的接触面积;

(4)抬高脚跟,增大脚尖与支点间的压力,以增加摩擦力。

2.侧蹬

侧蹬是最基本的踩点方法,是指用鞋的外侧去踩光滑的支点,这种脚法能让攀者的身体更加贴紧岩壁,有利于把身体的重量放在脚上,同时又可以减少手的拉力。动作方法(图4-3-5)是:

(1)用鞋尖外侧蹬住支点(脚趾四趾趾尖用力);

（2）当脚用力蹬使鞋和岩壁充分摩擦时，身体重心转移到支撑脚，身体靠近崖壁。

3. 脚后跟勾点

脚后跟勾点，即把鞋后跟放在合适的支点，试着把脚作为另一只手来用，动作方法（图4-3-6）是：

（1）抬起脚，上体胸部尽量弯曲，直至脚能够挂到支点上；

（2）脚的前部被顶住，脚的后跟被挂住；

（3）有时并不是用脚后跟去勾点，而是用脚尖去勾点；

（4）踩点的宽度只能是一指左右，不能太宽，不能把整个脚掌放上去，以便脚在承力的情况下能够左右旋转移动，实行换脚、转体等动作。

4. 换脚

换脚是一个常用的基本技术动作，它可以保持平稳，不增加手上的负担。以从右脚换到左脚为例，动作方法（图4-3-7）是：

（1）先把左脚提到右脚上方；

（2）右脚以脚在支点上最右侧为轴逆时针（向下看）转动，把支点左侧空出来，体重还在右脚上；

（3）左脚从上方切入，踩点，右脚顺势抽出，体重过渡到左脚；

（4）体重一直由双脚负担，手只用来调节平衡；

（5）双脚除了支撑体重外，也用来维持身体平衡；

（6）脚并不总踩在支点上，有时要把一条腿悬空伸出，来调整身体重心，使体重稳定地传到另一只脚上。

攀岩山地自行车

图 4-3-4

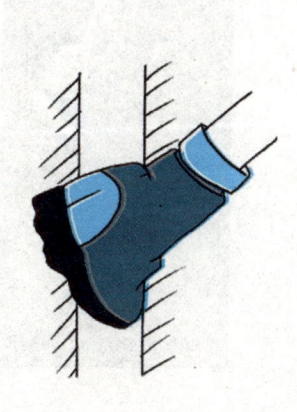

PANYAN JIBEN JISHU 攀岩基本技术

图 4-3-5

图 4-3-6

065

图 4-3-7

（三）重心移动

重心移动的主要目的是，在动作中减轻双手负荷，保持身体平衡。攀登中，攀登者应明确地意识到自己重心的位置，灵活地控制重心的移动。

（1）单手换点时，一般把重心向对侧移动，使手在没离开原支点之前就已经没有负荷，能够轻松出手；

（2）横向移动时，把重心向下沉，使双手吊在支点上，而不是费力地抠拉支点；

（3）应把双脚踩实，再伸手够下一支点，而不要脚下虚踩，单靠手拉使身体上移；

（4）注意体会用腿的力量顶起重心上移，手只是在上移时维持平衡；

(5)推拉腰胯可以直接移动重心,较大的移动往往形成一些很漂亮的动作;

(6)也可把腿横向伸出,利用腿脚的重量来平衡身体。

(四)节奏控制

攀登的节奏在某种程度上决定了攀登的成败,控制节奏时要注意动作的衔接、动作的到位和步骤的分解等。

1. 动作的衔接

每个动作做完,身体都有一定的惯性,如果身体平衡,可以利用这一惯性直接冲击下一支点,两个动作间不做停顿;否则,如果过分求稳、一动一停,每个动作前都要先移动重心、调节平衡,然后从零开始发力,这样必然导致体力消耗过大。

2. 动作的到位

每个动作要做到位,一般做一两个连贯动作就略停顿一下,调整重心,观察选择路线,困难地段快速通过,容易地段稳定、调整。连贯动作时,手脚、重心调整一定要到位,冲击到支点后要尽快恢复身体平衡;有必要时,可选择好的地段稍事休息,放松双手。

3. 步骤的分解

进行练习时可以把各个动作分解成几个步骤,细细体味各处细节,分析如何才能节省体力。熟练以后,实际攀登时不用考虑,就会条件反射似的做出正确动作。

(五)线路规划

路线的选择是要根据自己的能力来决定的,通常一面岩壁安装着众多的支点,选择不同支点可以形成多条攀登线路,都有各自不同的最优路线。在线路规划的练习中,要注意观察别人的攀登路线,并能适当增加难度。

1.观察别人的攀登路线

练习时可以先看别人的攀登路线,根据自己的身体条件选择一条最优路线,并锻炼自己的眼力,发现、规划新的线路。

正式比赛中不能观看别人的路线,必须自己规划。这就要求攀登者对自己的身高、臂长、抬腿高度、手指力量等有充分的了解。

2.适当增加难度

在练习当中,通过规划不同的线路可以适当增加难度,一般方法有:

(1)放弃一些支点,如放弃某几个大点;

(2)故意绕开原线路上的某个关键点;

(3)只使用岩壁一侧或中间的支点;

(4)从一条线路过渡到另一条线路。

第四节 攀岩流程

攀岩运动是一项刺激性较强的运动项目。在从事这项运动时，一定要按照相关的流程，减少不必要的麻烦和伤害事故的发生。攀岩的一般流程是：

(1)攀登者与保护者各自做好准备；
(2)相互检查，即使是训练有素的老手也不例外；
(3)攀登者向保护者发出"开始"信号；
(4)保护者向攀登者发出"准备好"信号；
(5)开始攀登、保护；
(6)攀登者登顶后发出"下降"信号；
(7)保护者开始放绳；
(8)攀登者返回后向保护者表示感谢。

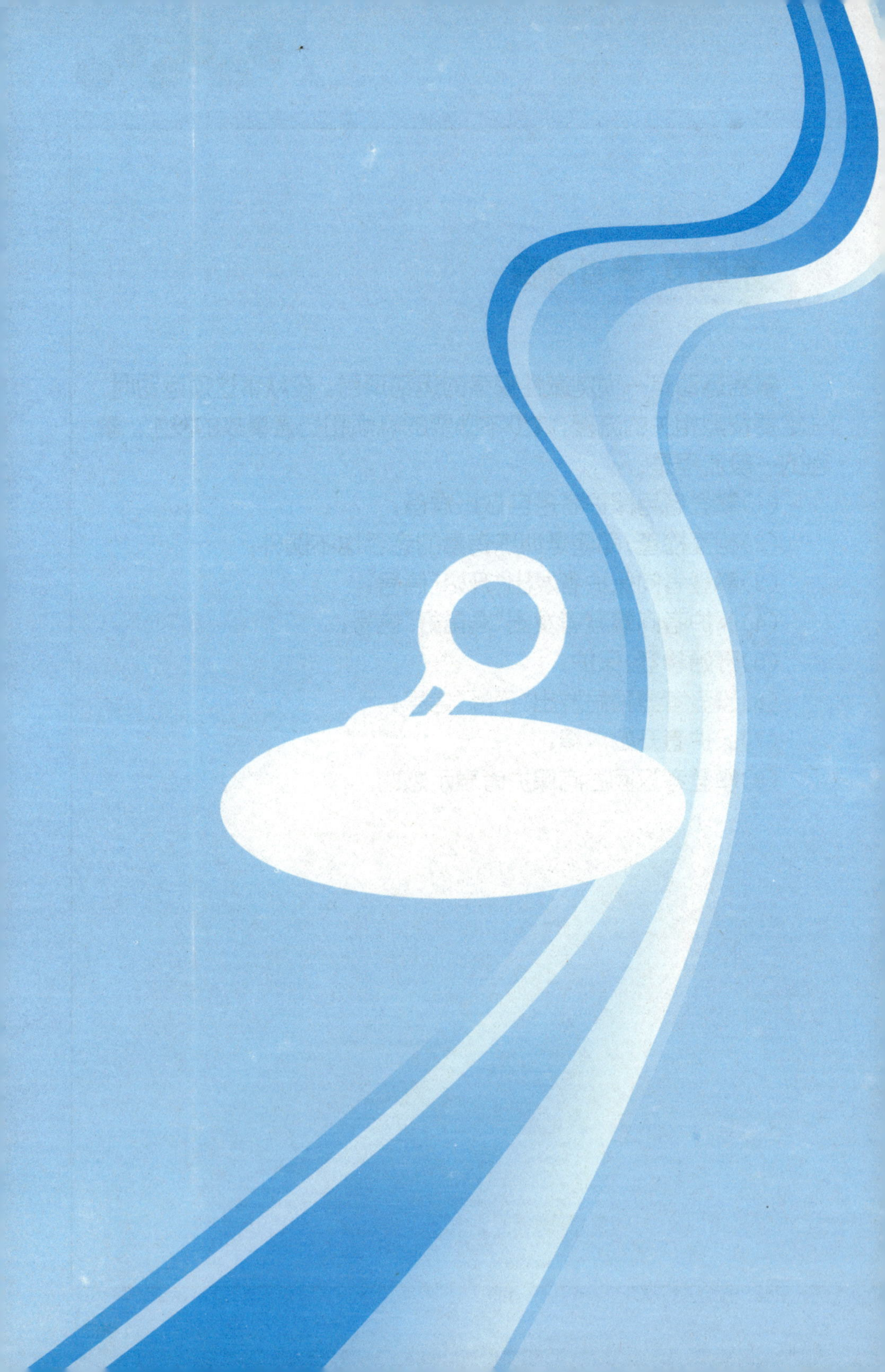

第五章 攀岩比赛规则

攀岩比赛若要按计划有秩序地进行，就需要科学、合理的组织和安排。理解并掌握本章内容，会使攀岩运动的参赛者在赛前能够从战略上做某些准备。如果青少年朋友想成为一名出色的比赛组织者，就更应该掌握本章内容。

第一节 程序

攀岩比赛需要按照一定的程序进行。合理有序的程序是比赛顺利进行的前提,也是比赛公平、公正的基本保证。

一、参赛办法

(一)报到与进入隔离区

所有具备资格参加该场比赛的选手,必须在裁判长规定或大会规定的时间内报到,并进入隔离区。允许进入隔离区的人员有:
(1)监察委员会工作人员;
(2)主办会员联盟工作人员;
(3)具备该场参赛资格的选手;
(4)经核准的队职员;
(5)其他经裁判长特别核准的人员。

(二)路线观察与练习

(1)已报到的选手在比赛开始前,均有观察和研究路线的时间,观察时间不得超过 6 分钟;

(2)选手在观察期间必须在指定的观察区,不得攀上板面或站在任何器材或桌椅之上;

(3)选手不得以任何方式与观察区外的人员联络,只能向裁判长或分组裁判员询问比赛的相关问题;

(4)在观察期间选手可以使用望远镜观察路线,并以手抄方式绘图或做笔记,其他观察或记录器材均不允许;

(5)选手可以触摸起攀点,但双脚不得离地;

(6)在观察期结束时,选手应立即返回隔离区,任何不当延迟或违反裁判长或分组裁判员指示者,将予黄牌警告;

(7)比赛可以进行路线练习时,由裁判长决定时间表、程序及选手练习的时间长度。

(三)攀登前准备

(1)在离开隔离区进入预备区时,选手只能由核定的工作人员陪同;

(2)在抵达预备区时,选手必须穿上攀岩鞋,以规定的绳结系上绳索,并做好攀登的最后准备;

(3)在选手允许进行路线攀登前,所有攀登装备和绳结必须经

过工作人员的检查与认可,以符合安全及其他监察委员会的规定;

(4)选手离开预备区后,不论在任何情况下均不得回到隔离区;

(5)选手必须完成离开预备区的准备,并在指示下进入比赛场地。

(四)攀登壁维修

主定线员必须确保是具有经验并事先练习过的维修小组,在各场中随时应分组裁判员的要求进行维护与修理。维修必须以迅速安全的方式进行。

1.岩点的修理

在分组裁判员的指示下,主定线员应立即处理任何替换或修理工作。在工作完成时,国际前攀员应检查换修是否对后攀登的选手造成不公平的有利或不利因素,并建议裁判长做出相应的裁决。

2.岩点的清理

在各场比赛开始前,分组裁判员决定攀登壁上岩点的清理频率与方式,并在观察路线前的技术会议中宣布。

(五)技术事件

1.种类

(1)绳索紧绷以协助或妨碍选手;

(2)岩点断裂或松开;

（3）快扣或钩环的位置不当；
（4）任何非选手造成的偶发事件。

2.处理方式

当技术事件由分组裁判员提出时，如选手愿意且仍然处于正当位置，可选择继续攀登或以技术事件为由重新比赛，之后不得再以与该技术事件相关的理由申诉。如选手因技术事件而处于非正当位置，分组裁判员应立即决定是否宣告技术事件并停止选手攀登。

当技术事件由选手提出时，他必须指出技术事件的性质，并在分组裁判员的同意下继续或停止攀登，如选手选择继续攀登，之后不得再以与该技术事件相关的理由申诉。

当选手坠落并宣称技术事件造成其坠落时，应立即将该选手送至特别隔离区，并等候该事件的调查结果，总定线员应立即检查该事件并向国际前攀员、分组裁判及裁判长报告，由裁判长最后决定。

选手在技术事件确认后，应在隔离区获得恢复时间，并不得与监察委员会和大会工作人员外的人员接触。选手必须立即决定希望何时开始下一次的攀登，但必须在本组选手之后且在下组选手之前。

（六）路线攀登的停止

（1）选手路线攀登的停止，应依照该项比赛的相关规定办理；
（2）选手只要未触犯停止攀登的规定，允许在攀登的任何时间下攀。

(七)录像带的用途

当选手在攀登中有犯规嫌疑,而分组员裁判员认为需检视录像带才能确定选手是否犯规时,分组裁判应让选手继续攀登。待选手完成攀登后,分组裁判员应立即告知该选手,其成绩须待该场次赛后,重新检视录像带方能确认。

分组裁判员对于有疑问的高度测量,可于该场次赛完后,重新检视大会录像带以确认高度。

只有裁判长、分组裁判员、国际前攀员及监察委员会代表可检视大会录像带。

二、比赛方法

国际比赛包括难度赛、难度淘汰赛、速度赛和抱石赛四个项目,但并非所有国际比赛均需包括每一项。

(一)难度赛

选手由下方保护,各个快扣根据规定事先依序挂上,以达到的高度决定其该场比赛的名次。

(二)难度淘汰赛

此类比赛的技术规则与一般难度赛相同,但决赛采用与速度赛的决赛相同的单淘汰方式。

(三)速度赛

选手由上方保护,以完成攀登所需的时间来决定其该场比赛的名次。

(四)抱石赛

比赛由一系列的个别技术攀登问题组成,各个问题必须经过安全考察,以攀登者得到的总点数决定其该场比赛的名次。

第二节 裁判

对比赛而言,裁判员合理的裁判工作是比赛顺利进行的保证;对运动员个人而言,了解和掌握裁判规则能够使自己充分发挥技战术水平。

一、裁判员

裁判的人数是根据参加比赛的人数来定的。一般每名选手需要两名裁判员,即主裁和副裁。主裁负责观察,副裁负责记录和联络。

二、记分

记分公式为:
$$B=50\left(\frac{Tr}{Tx}+\frac{Hx}{Hr}\right)$$

其中,Tr 为最快攀登时间,Tx 为运动员攀登时间,Hr 为攀登最高高度,Hx 为运动员攀登高度。

三、犯规

以下为犯规的几种情况:
(1)借助禁用的登山器械或保护绳索;
(2)扣住规定路线外的支点;
(3)在攀岩过程中企图阻拦或影响别人的行为。

四、违例

(1)保护绳扣入路线上所有规定的保护铁锁中,铁锁开口必须向下,而且攀登者以身体腰部(以安全腰带为准)超过铁锁前时必须先把绳子扣上,否则判为违例;

（2）运动员在比赛时，必须佩戴大会提供的安全带、头盔和号码布，否则判为违例。

五、取消比赛资格

参赛选手有以下行为者，将被取消参赛资格：
（1）收集有关比赛路线情况资料；
（2）检录处3次点名未到；
（3）不按规定到预备处准备；
（4）装备穿戴错误。

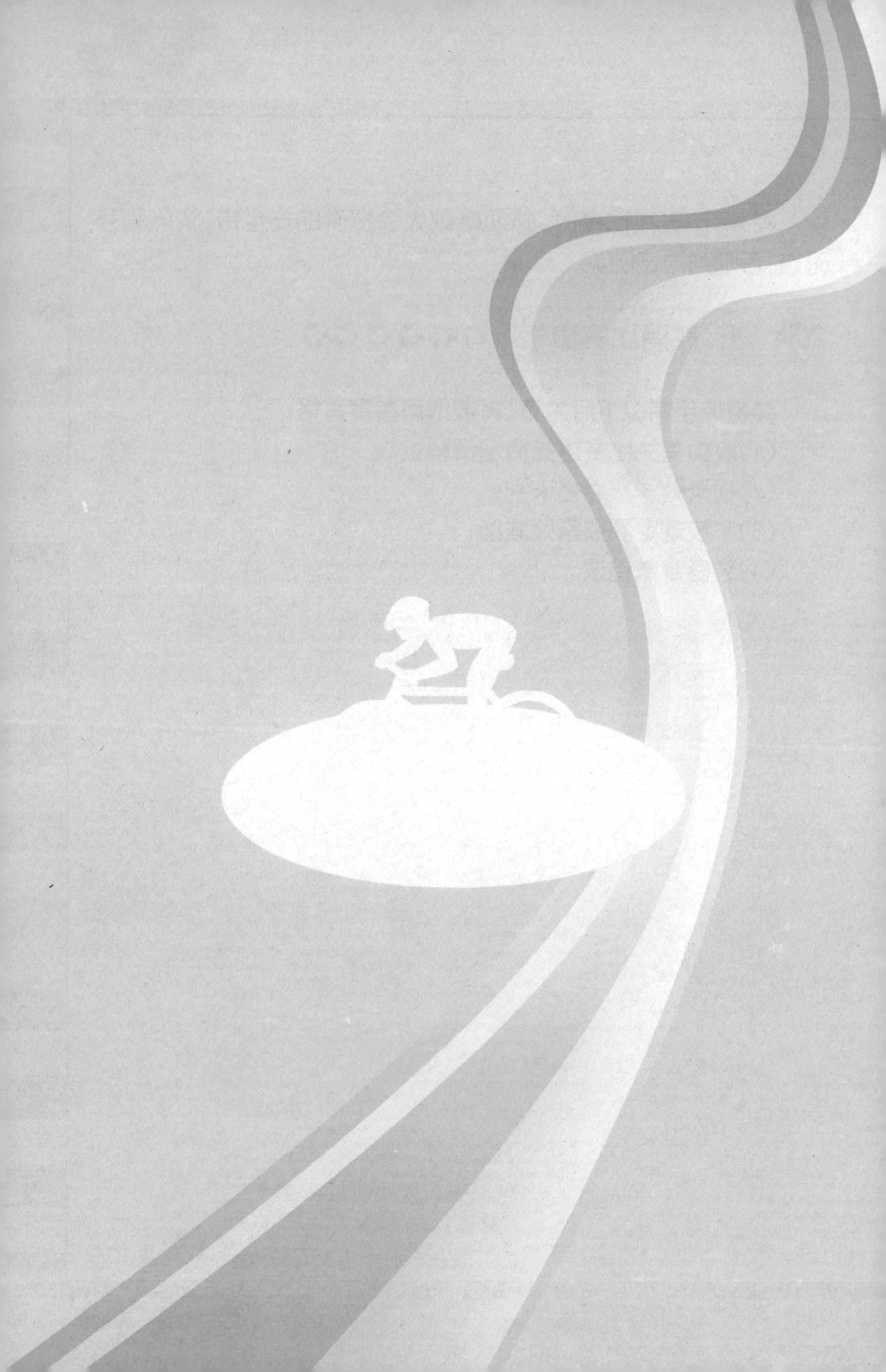

山地自行车

第六章 山地自行车概述

  山地自行车比赛于 20 世纪 70 年代首次在美国的圣弗朗西斯科市举行，于 1996 年成为奥运会正式比赛项目。比赛中，车手们必须具备良好的耐久力、平衡力和承受力，以应对崎岖不平、难以预料的赛道。

第一节 起源与发展

山地自行车运动是一项新兴的体育项目，近年来发展迅速，已有多个国家举办全国性锦标赛，而且国际性的大型赛事也接连不断地举行。

一、起源

在 20 世纪 50 年代，法国的一些车手厌倦了在现代化公路上的枯燥训练和比赛，于是他们就到丘陵地带寻找新的环境、新的挑战，这是山地自行车运动的萌芽。

20 世纪 70 年代初，美国加利福尼亚大学的斯科特首次将普通自行车改装成山地自行车，使之更适合在野外山坡骑行。

二、发展

20 世纪 70 年代，首次山地自行车比赛在美国的圣弗朗西斯科市举行。

1991 年，山地自行车世界杯赛首次举行。1996 年，山地自行车被列为奥运会比赛项目。

在山地自行车比赛不断举行的同时，这项运动的器材也在不断改进。最新推出的山地自行车的轮子直径只有 43 厘米，车架为蛛网状的桁架式。小轮车比较坚固、轻盈，转弯比较灵活，加速较快，桁架式车架能把车的各部分连为一体，使车更加结实。

第二节 特点与价值

山地自行车运动惊险刺激、观赏性强，能够强身健体、提高克服困难的能力。

一、特点

(一)惊险刺激

山地自行车运动惊险刺激，能充分满足人们回归自然、寻求刺激、挑战自然、挑战自我的欲望，深受人们喜爱。

(二)观赏性强

在山地自行车比赛中，车手们反应敏捷、身手矫健，能够自如应对各种险恶地形，给观众带来巨大的视觉冲击，从而使整个比赛具有很强的观赏性。

二、价值

(一)强身健体

进行山地自行车运动时,腿部的运动有利于血液流动,能够强化毛细血管组织,改善心脏功能,从而达到强身健体的目的。

(二)提高克服困难的能力

在山地自行车比赛中,车手可能会遇到各种意想不到的困难。遇到困难时,车手除了要用娴熟的骑行技术应对外,还要有坚强的意志品质作为精神支撑,这都有助于车手提高克服困难的能力。

第七章 山地自行车场地、器材和装备

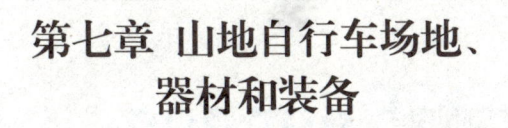

山地自行车运动具有很强的观赏性和艺术性，同时也有一定的危险性，因此，车手必须对场地、器材和装备有一定的了解。

第一节 场地

山地自行车运动的挑战性主要来自复杂的地形。了解各种地形的基本特征和应对方法，有助于车手增强自信心，取得好成绩。

一、常见地形

(一)坚硬地面

坚硬地面如同马路一样，车轮在上面滚动时阻力小、速度快，车手骑起来省力、舒服。但是，地面如果比较潮湿，或是上面覆盖着一层沙砾、树叶，往往会非常滑，车手不可掉以轻心(图 7-1-1)。

图 7-1-1

(二)多岩石地面

在岩石较多的地面上骑行时，车手必须运用各种技术来保持车子的平衡。骑行时，身体要放松，并要随着地面的颠簸而上下起伏(图 7-1-2)。

图 7-1-2

(三)巨石

遇到巨石时,最好从旁边绕过。若想直接越过,则需要特殊的骑行技术,并且必须保证巨石后面有足够的空间,这样车子才能安全落地(图7-1-3)。

图 7-1-3

(四)小石块

布满小石块的地形容易使车子打滑,可通过改变行车方向和改变刹车习惯等方法避免打滑。

1. 改变行车方向

要想成功通过布满小石块的地形,在骑行过程中就必须选定某一个地方,集中精力瞄准,然后冲过去。在冲刺过程中,要想改变骑行方向以避免打滑,车手只需要把身体的重心从一侧移动到另一侧,再轻轻推动车子朝着某个方向骑行即可。

2. 改变刹车习惯

下坡时,身体重心后移,使后轮获得更大的摩擦力。应尽量多使用后闸,少使用前闸,转弯时尤其如此。否则,车子碰到小石块就容易打滑。

(五)沟壑

在穿越沟壑时,要尽量使车子保持水平状态。如果遇到小沟,可直接跳过去;如果沟壑足够宽,则可从沟底骑过去(图7-1-4)。

图 7-1-4

（六）沙地

在沙地上骑行时，车的前进方向很难控制，车轮很容易陷入沙中，正确的骑行方法（图 7-1-5）是：

（1）以尽可能快的速度驶向沙地，身体重心后移；
（2）平稳地用力蹬踏，保持车速；
（3）最好沿着前面车手的车痕骑行，这样会比较省力。

图 7-1-5

二、特殊地形

(一)树根

树根很容易绊倒车手,跨越树根的方法有两种:
(1)扛着车子跨过去;
(2)运用前轮离地技术抬起前轮,随即重心前移,让后轮从树根上滚过去。

（二）圆木

对待圆木要像对待巨石一样，使用相同的骑行技术。唯一的不同在于，在后轮碰到圆木的那一刻，一定要保证前轮已经落在圆木的另一侧，此时，身体重心一定不要太靠前（图 7-1-6）。

图 7-1-6

(三)积水

穿越积水前,最好先检查一下积水的深浅,看水中是否有石块或深坑。穿越时要放慢速度,身体重心后移,或者步行走过(图7-1-7)。

图 7-1-7

(四)泥泞地面

在泥泞地面上骑行时,需要对车子及其相关部件做一些调整:
(1)在链条上涂一些具有防水功能的润滑油;
(2)安装适于在泥泞环境中使用的轮胎;
(3)最好使用带脚套的脚蹬,否则脚底的泥巴会沾在脚蹬上,影响骑行。

(五)植被浓密地面

如果地面植被比较浓密(如森林中铺满树叶或小草的地面),骑行会比较费力,但一定不要用力过度(图 7-1-8)。

图 7-1-8

第二节 器材

山地自行车的构造比较特殊，可以用来承受运动过程中的巨大冲击力。

一、部件

山地自行车的部件包括鞍座、车架、齿轮、车把、车闸、车轮、脚蹬、曲柄和变速器等（图7-2-1）。

(一)鞍座

鞍座的设计变化很快,新一代鞍座不仅让车手感觉舒适,还减小了车手由于鞍座压力过大而受伤的概率。

(二)车架

车架的上梁略倾斜,这能增加车子的高度,便于车手在各种不同的地面上操作。

(三)齿轮

山地自行车有一组大小不同的齿轮,因而车子的转速比是可以变化的,以适应不同坡度的地形。

(四)车把

标准的车把样式是平把,但是立把能使车手在骑行中保持一种比较舒适的姿势,近年来较受欢迎。

(五)车闸

传统的车闸是环状车闸。高级山地自行车上一般都安装盘式车闸,刹车性能更好。

(六)车轮

高性能的车轮轻便、高效,很受车手欢迎。

(七)脚蹬

带踏脚套的脚蹬能使车手的双脚紧紧地固定在脚蹬上。不带踏脚套的脚蹬有助于最大限度地传递车手的蹬踏力量。

(八)曲柄

曲柄是连接脚蹬的轴杆。最新设计的曲柄采用带槽的轴杆,以增加效率、节省力气。

(九)变速器

变速器有前变速器和后变速器。前变速器的作用是把链条从一个链轮推到邻近的另一个链轮上；后变速器的作用是把链条从一个飞轮推到邻近的另一个飞轮上。

图 7-2-1

二、注意事项

(一)鞍座角度

鞍座角度大致保持水平,也可根据不同的路况进行相应调整。

1. 下调鞍座鼻端

上坡时,可将鞍座的鼻端略向下调整,这样可以减轻对胯下部位的压力。

2. 上调鞍座鼻端

下坡时,最好将鞍座的鼻端略向上调整,同时降低座杆高度,这样有助于身体在鞍座上灵活移动。

(二)鞍座高度

鞍座太高,蹬车时容易使膝盖受伤;鞍座太低,则蹬不出力量,也容易造成肌肉与关节的磨损。只有正确的鞍座高度才能保证正确的蹬踏姿势,并能发挥出应有的蹬踏效率。

(三)龙头高度与长度

支撑和调节鞍座高度的是龙头,龙头高度主要决定体重在车子上的分配情况,龙头长度主要影响操控时的灵活度。

1. 避免龙头过高

骑行时,应该调整好龙头高度,使身体重量均匀分布在车把、鞍座与脚蹬上。很多人会将龙头提得很高,使骑行姿势接近于平常坐姿,这样会有以下危害:

(1)身体重量集中在臀部,时间长了会由于压力过大而感觉不舒服,胯下部位也容易有麻木感;

(2)直立的腰背会使脊椎直接遭受来自地面的冲击,时间长了会感觉腰酸背痛。

2. 避免龙头过低

龙头过低时,体重不容易压在前轮上,骑车时会有轻飘飘的感觉,上体力量也不易施展,导致骑行节奏混乱。尤其是在上坡时,前轮容易浮起,造成危险。

3. 避免龙头过长

龙头过长时,体重会过多地压在前轮上,妨碍操控。尤其是在下坡时,重心过于靠前会导致后轮载重不足、抓地力量不够,存在安全隐患,而且上体过于拉伸也会增加疲劳感。

(四)刹把角度

学会正确刹车是保证安全骑行的第一步,其中,调整好刹把角度是非常关键的。正确的刹把角度应该让手臂、手掌感觉舒服,而且能迅速地施力与反应。

刹把角度可先设定在 35°~45° 之间,以骑行时手背与前臂可以打平为准。如果手腕过于上弯或下弯,则表示刹把角度不正确,需要重新调整。

（五）刹把位置

刹把位置要依照手掌大小、手指长度做调整，使食指与中指的第二节稳稳地放在刹把上，这样在遇到危险时，刹车才能迅速有力。

（六）车把宽度

车把宽度要比肩膀略宽，至少要与肩同宽，这样操控时才会灵巧有力，而且能使胸部肌肉舒展，呼吸顺畅。过窄的车把会在转弯时影响操控和呼吸。过宽的车把则容易使上半身过于前倾，增加腰部负担。

第三节 装备

山地自行车是一项具有一定危险性的运动，对装备有着非常严格的要求。而且，舒适和实用的装备能让车手充分地享受运动的过程。

一、短裤

短裤的作用类似于衬垫，能够增加骑行的舒适度，还能很好地保护车手的裆部。带有护腰的短裤在骑行时不易下滑，且不易被鞍座磨损（见图 7-3-1）。

图 7-3-1

二、夹克衫

在天气寒冷或刮风下雨的情况下，车手要准备两件不同用途的夹克衫，一件用于保暖，另一件用于挡风遮雨（图 7-3-2）。

图 7-3-2

三、骑行衫

骑行衫既可保暖又可防潮，其颜色要鲜亮，以便能引起注意（图7-3-3）。

图7-3-3

四、护眼镜

护眼镜既可防风、防沙，又可防止昆虫进入眼内和树枝刮伤眼睛，同时还能过滤有害的紫外线和红外线。佩戴护眼镜要注意以下几点：

（1）护眼镜的重量要轻，镜片要适合各种光线；

（2）护眼镜要佩戴舒适，并用一根细绳拴住镜腿挂在脖子上，以免摔倒时把护眼镜甩出去；

（3）护眼镜的镜片沾上泥浆或被水汽覆盖时，要把护眼镜摘掉（图7-3-4）。

图 7-3-4

五、骑行鞋

鞋底较硬的骑行鞋穿着会比较舒适，还能最大限度地传递能量，减少骑行过程中的体力消耗。而且，骑行鞋既要适于骑行，又要适于短距离步行，这是因为在山地自行车运动中，车手常常需要扛车步行一段路程（图 7-3-5）。

图 7-3-5

六、手套

一副好的手套既可使车手紧紧地握住车把，又能防止手掌起泡，摔倒时还能保护双手免受伤害。在寒冷的冬季骑行时，要选择保暖性较好的手套，以防手指抽筋（图7-3-6）。

图 7-3-6

七、头盔

在山地自行车运动中，头盔是必不可少的装备之一。头盔的大小必须合适，才能最大限度地保护头部。购买头盔时要注意：

（1）头盔必须经过质检部门的检验；

（2）头盔的缚带和衬垫需要进行调整，以便佩戴舒适（图7-3-7）。

图 7-3-7

八、给水包

在山地自行车运动中，车手体内水分的减少会严重影响其比赛表现。普通的水瓶有时会从瓶套中掉出，瓶嘴也容易沾上泥巴，不便使用。专门的给水包外形像背包，车手可以不用动手就能饮水，而且，给水包外面还带有用于储存食物和工具的口袋（图7-3-8）。

山地自行车场地、器材和装备

SHANDI ZIXINGCHE CHANGDI
QICAI HE ZHUANGBEI

图 7-3-8

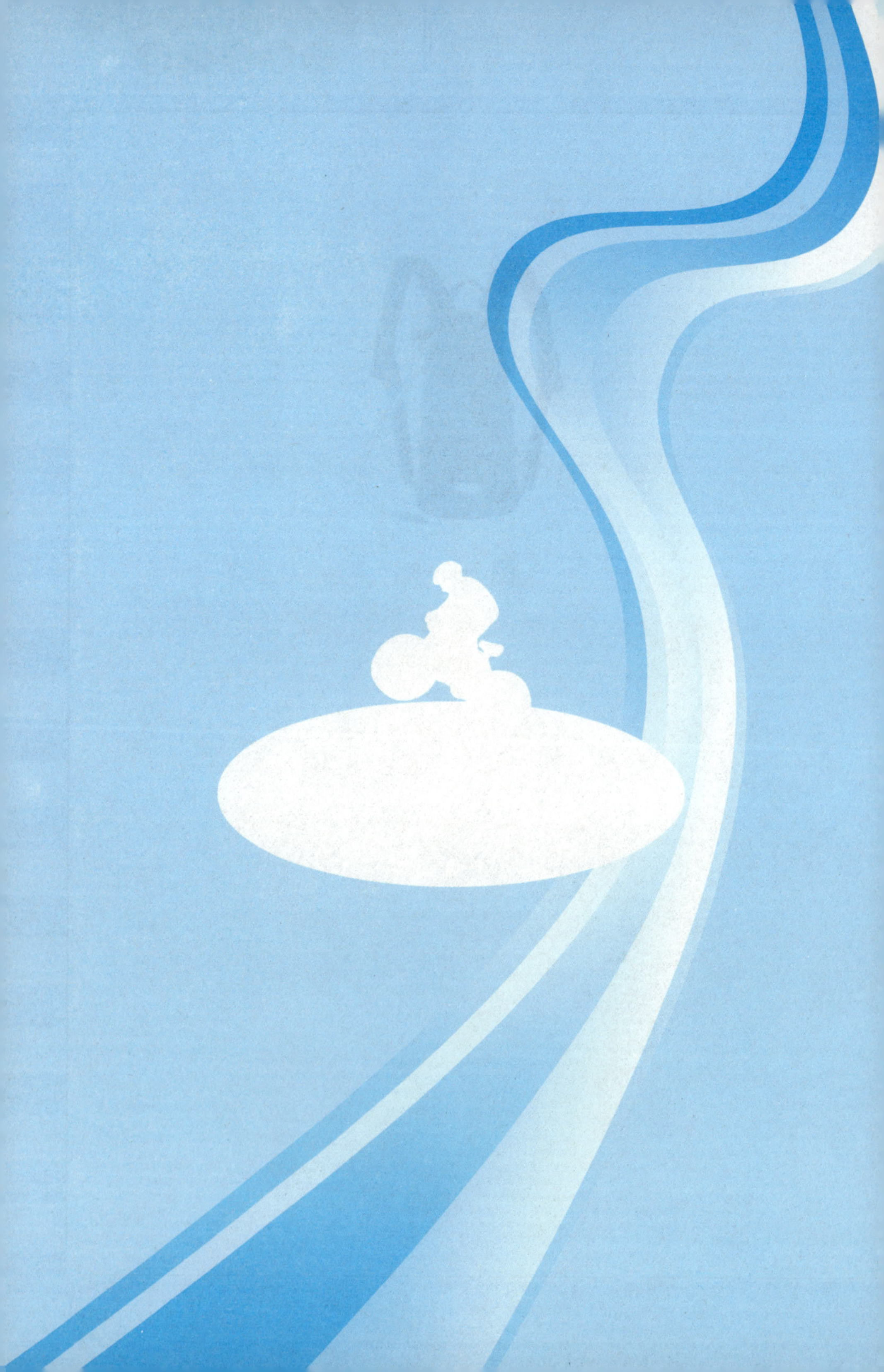

第八章 山地自行车基本技术

山地自行车运动的技术性很强，只有掌握了基本技术，才能保证骑行安全，使车手充分享受这项运动所带来的乐趣。

第一节 骑行前检查

在开始骑行前,尤其是将要进行远距离骑行时,检查车子的各个部件是非常必要的。

一、检查刹车系统

刹车系统是在危险时刻保障安全的最重要的系统,在每次出行前都应该检查刹车系统,具体方法(图 8-1-1)是:

(1)检查车头配件有无松动;

(2)检查车身是否松动,双手提起车身,使其离地约 20 厘米,然后将车子摔下,如果听到浑厚沉重的声音,表明车身结构牢固稳定,适于骑行;

(3)检查刹车块够不够紧,是否紧贴轮缘的正中。

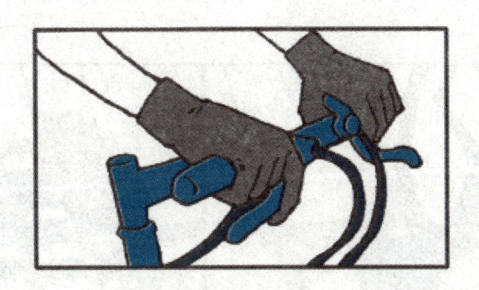

图 8-1-1

二、检查其他部件

为了保证骑行的顺利,除了要检查刹车系统外,还应检查车子的其他部件,具体方法(图 8-1-2)是:
(1)检查曲柄和中轴;
(2)检查脚踏有没有松动;
(3)检查轮胎气压是否够用;
(4)检查链条传动是否顺畅;
(5)检查快速脱扣杆是否松动。

攀岩山地自行车

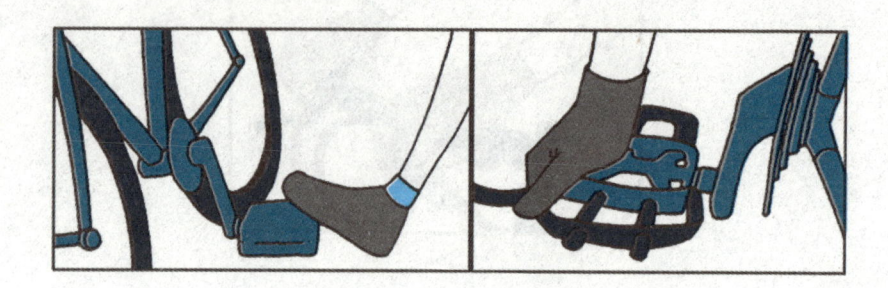

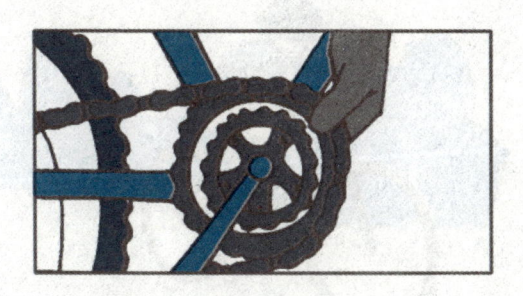

图 8-1-2

第二节 骑行姿势

正确的骑行姿势能使车手感觉非常舒适,并能直接影响车手的比赛成绩。

一、身体姿势

正确的身体姿势能使车手轻松蹬踏、自如骑行,还能避免不必要的肌肉紧张,降低能量消耗,使力量和技术得到充分发挥,动作方法(图 8-2-1)是:

(1)上体较低,头部略倾斜前伸;
(2)双臂自然弯曲,作为上体的良好支点,以便腰部弓曲,身体重心降低,防止由于车子颠簸而产生的冲击力传到全身;
(3)双手轻轻握把,臀部坐稳鞍座,使人和车子呈流线型。

图 8-2-1

二、蹬踏方法

山地自行车的蹬踏方法包括自由式、脚尖朝下式和脚跟朝下式等。

(一)自由式

自由式的动作方法(图 8-2-2)是:
(1)在蹬踏过程中,踝关节角度随之相应变化;
(2)这种蹬踏方法符合力学原理,能够减小膝关节和大腿的动作幅度,有利于提高蹬踏频率,还能使大腿肌肉得到相对放松,但较难掌握。

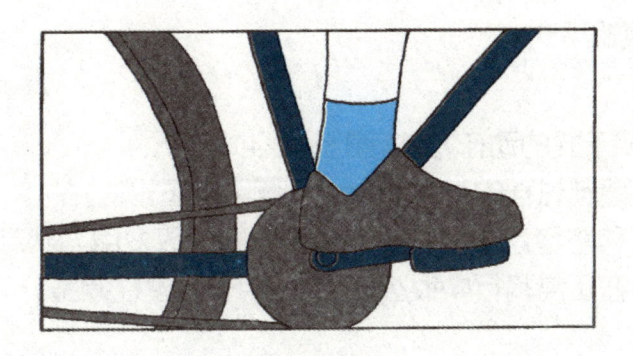

图 8-2-2

(二)脚尖朝下式

脚尖朝下式的动作方法(图 8-2-3)是:
(1)在整个蹬踏过程中,脚尖始终向下;
(2)踝关节活动范围小,有利于提高动作频率,且容易掌握。

图 8-2-3

(三)脚跟朝下式

脚跟朝下式的动作方法(图 8-2-4)是：

(1)在蹬踏过程中,脚尖略向上,脚跟向下呈 8°～15°角；

(2)这种蹬踏方法能使肌肉在短时间内改变用力状态,得到暂短休息,但在正常骑行中很少使用,仅用于过渡性调整。

图 8-2-4

第三节 推车与背车技术

对于骑行技术水平不是很高的初学者来说,当遇到不利于骑行的地形或是泥泞地面时,推车甚至背车也是难免的。

一、推车技术

推车技术包括在狭窄地带推车和立起来推车等。

(一)在狭窄地带推车

在狭窄地带推车的动作方法(图8-3-1)是:
(1)前后轮都刹车,当脚站稳后,放松刹车并推车;
(2)再刹车再推车,重复进行此动作,像拄拐杖一样前进。

图 8-3-1

(二)立起来推车

立起来推车的动作方法（图 8-3-2）是：
(1)握住车把刹后轮，将车子立起；
(2)用手部动作来维持身体平衡；
(3)若掌握得好，车子会自动立起，注意不要把车子太靠近身体。

图 8-3-2

二、背车技术

背车技术的动作方法（图 8-3-3）是：
(1)基本姿势是用右肩从车子的左侧背车，以避免碰到车链；

(2)用右手抓住车把或者前叉；
(3)把脚蹬贴在腹部，使车子稳定；
(4)左手应始终空着，遇到特殊情况可作支撑用。

图 8-3-3

第四节 倒地技术

倒地技术是基本骑行技术之一，遇到突发情况时，应当尽早停车，但如果条件不允许，学会正确的倒地技术能将伤害程度降到最低。倒地技术的动作方法是：

(1)蜷缩身体，不要把手臂或腿伸出来企图阻止摔倒，这样四肢最容易受伤，而应使手臂和双腿紧靠躯干，让躯干承受全部的冲击力，同时把身体蜷缩成球状；

（2）当身体即将摔倒时，不要用力挣扎，应保持原来的前冲力，继续向前骑行，直到支撑不住时再摔倒，当身体着地后，应顺势向前滚动，直到最后停止；

（3）也可以让车子顺势倒下，为自己延长缓冲时间，以减少损伤；

（4）当车子即将摔倒时，如果正处于下坡过程中，而且没有办法补救时，车手应从车子后面跳下来，这样可以减轻摔伤程度；

（5）摔倒时肩膀着地有可能会摔断锁骨，因此，当自己要与近旁的物体相撞时，应想方设法向前或向后摔倒，这样不至于肩膀先着地。

第五节 上下坡技术

上下坡技术是山地自行车的基本技术之一，熟练掌握上下坡技术，可以大大提升车手的整体技术水平。

一、上坡技术

上坡技术包括上小坡技术和上大坡技术等。

（一）上小坡技术

上小坡技术的动作方法（图8-5-1）是：

（1）车手应尽量把身体重心移到鞍座后部，增加后轮压力，从

而增大摩擦力,同时,根据地形随时调整身体重心的位置;

(2)为了使身体重量达到最佳分布,车手的臀部应自始至终只是轻轻坐在鞍座前端;

(3)蹬踏的同时把手向身边拉,把身体俯盖在前部,使体重落在脚蹬上;

(4)不是一口气用力蹬踏,而是保持一定的行进速度,这种蹬踏方式可以攀爬比较滑的斜坡;

(5)为了防止车头荡起,可将身体略向前移动;

(6)蹬踏结束后,抬起上半身,开始下一步的蹬踏。

图 8-5-1

(二)上大坡技术

上大坡技术包括上短斜坡和上长斜坡等。

1. 上短斜坡

上短斜坡的动作方法(图8-5-2)是:

(1)车子正对斜坡,开始上坡时,减轻前轮的负荷,以便缓和冲击;

(2)进入斜坡后,上身略俯向车把,以防止前轮荡起;

(3)略移动腰部,调整后轮对地面的压力;

(4)一口气完成攀爬;

(5)为了攀爬完全后能迅速起跑,要预先微调齿轮。

图8-5-2

2.上长斜坡

上长斜坡的动作方法(图 8-5-3)是:

(1)为避免长时间蹬踏疲劳,可以选择站立姿势;

(2)以站立姿势上坡或者用力蹬踏时,体重会压在向下的脚上,身体像跳舞般左右摇摆;

(3)此时,把齿轮加重 1~2 段,蹬踏起来容易保持平衡。

图 8-5-3

二、下坡技术

下坡技术包括短距离下坡、长距离下坡和"之"字形下坡等。

1.短距离下坡

短距离下坡的动作方法(图 8-5-4)是:

(1)短距离下坡时,车手能够一眼望到坡底,因此可以选择一条直达坡底的路线;

(2)最好不要坐鞍座,腰向后沉,重心放在后面,但是不要过于向后,否则前轮负荷变轻,会影响直线前进的稳定性;

(3)伸直手腕,控制车把;

(4)用手指调控车闸,以控制速度;

(5)必要时,手腕及膝盖适当弯曲,以便起到缓冲作用;

(6)目视前方,判断前方状况,并及时采取措施;

(7)当斜坡过长时,直立姿势会使脚颤抖,这时,最好的方法是把臀部暂时放在鞍座后部,好似用大腿夹鞍座,并随时准备起身。

图 8-5-4

2. 长距离下坡

长距离下坡的动作方法是：

（1）长距离下坡时，车手不可能从坡顶一眼望到坡底，因此需要边骑边观察，根据骑行速度，留心前方 15 米以内的地面；

（2）沿着选择好的路线骑行下去，同时根据地形的变化随时进行路线调整；

（3）开始时，要选择自己能够比较轻松掌控的速度，不要用力太猛，速度也不宜太快，否则会很快精疲力竭，以致引发撞车等事故。

3."之"字形下坡

"之"字形下坡的动作方法是：

（1）"之"字形下坡通常包括一系列短距离下坡，因此车手必须控制好车速，以便能够应付急转弯和其他各种意外情况；

（2）应在骑行之前绘制出途中的弯道，同时要考虑到每一段路程的距离，以便能够及时刹车、成功转弯。

第六节 转弯与刹车技术

在掌握了正确的骑行姿势和上下坡等技术后，熟练地应用转弯和刹车技术，会使车手对山地自行车运动产生更浓厚的兴趣。

一、转弯技术

转弯技术包括倾斜法和把向法等。

(一)倾斜法

倾斜法的动作方法(图 8-6-1)是:

(1)身体重心基于车上向弯内倾斜,人车保持同样的倾斜角度;

(2)伸直外侧膝盖,并下意识地加强力度;

(3)用内侧膝盖顶着横梁,这样可以调节轨迹,减小压力,以便缩小弯度;

(4)外侧手用力,略拉起车把。

图 8-6-1

(二)把向法

把向法的动作方法(图 8-6-2)是：
(1)身体向前挪动，直至鼻子和刹把呈一直线；
(2)保持车子直立，身体向弯内倾斜(以让外侧手臂伸直为准)；
(3)使车把向弯内一侧歪；
(4)内侧手臂肘部弯曲，将车把拉回，同时外侧手臂将车把推出，以转动车把方向；
(5)保持两膝盖内扣，继续蹬踏。

图 8-6-2

二、刹车技术

刹车技术包括握把方法和身体姿势等。

(一)握把方法

握把方法包括用一个手指、用两个手指、用三个手指和用四个手指等。

1. 用一个手指

用一个手指控制车闸时,制动力较弱,可以进行较细小的调整(图 8-6-3)。

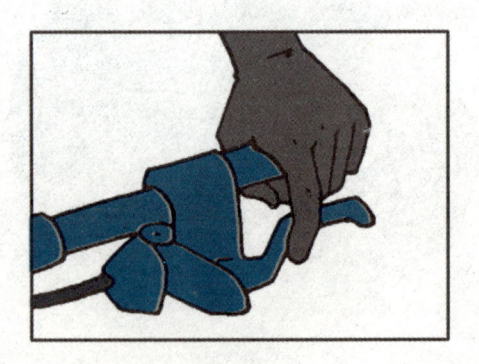

图 8-6-3

2.用两个手指

　　用两个手指控制车闸时,略有一点制动力,常用于中、高档次的刹车(图8-6-4)。

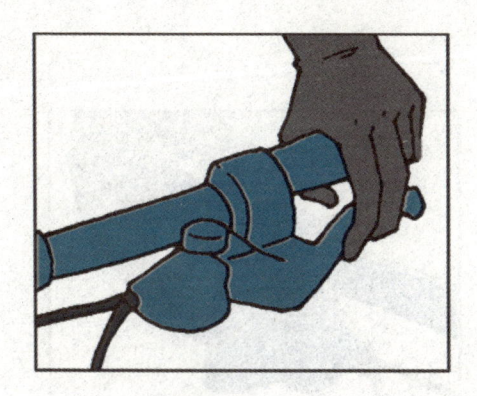

图 8-6-4

3.用三个手指

　　用三个手指控制车闸常在斜坡、急刹车时使用,这是刹车的基本姿势(图8-6-5)。

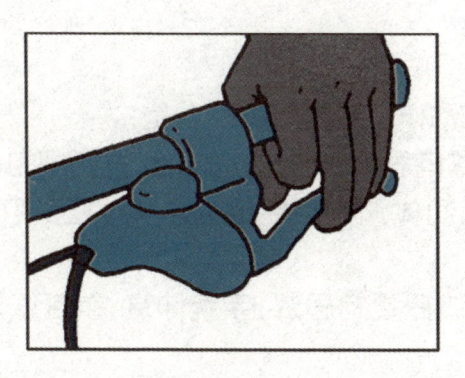

图 8-6-5

4.用四个手指

用四个手指控制车闸时,拇指较易脱离车把而产生危险,最好不要采用(图8-6-6)。

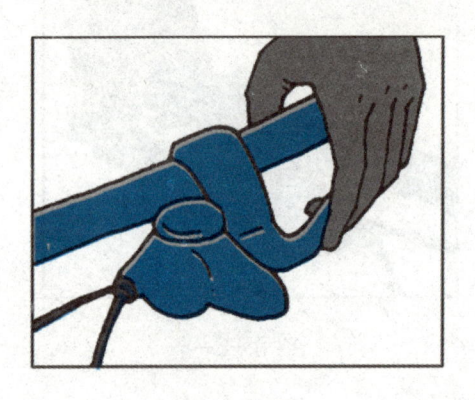

图8-6-6

(二)身体姿势

身体姿势的动作方法(图8-6-7)是:

(1)腰要尽量向后沉,身体重心降低,两脚用力;

(2)刹车时,身体动作也要相应地从直立姿势进入刹车动作,停止蹬踏;

(3)边刹车边把腰向后沉,手腕伸直,重复练习,掌握刹车要领。

图 8-6-7

第七节 上下台阶技术

上下台阶是山地自行车运动中一项非常实用的技术，这一技术在野外骑行时经常使用。

一、上台阶技术

上台阶技术包括上低级台阶和上中高级台阶等。

（一）上低级台阶

上低级台阶的动作方法（图 8-7-1）是：
（1）靠近台阶时减速，脚蹬的位置在上方，上半身向前移动；
（2）碰到台阶的瞬间用力蹬踏，上半身向后移；
（3）脚蹬恢复原位，为下一步蹬踏做准备；
（4）在后轮碰到台阶的瞬间，起身，上半身前伸，同时蹬踏。

图 8-7-1

(二)上中高级台阶

上中高级台阶的动作方法(图 8-7-2)是:
(1)上半身下沉,准备举高车轮;
(2)直起上半身,用力蹬踏;
(3)前轮正对台阶的同时,身体也正对台阶;
(4)把前轮放到台阶的瞬间,身体下沉压车子;
(5)身体向上伸,把车子拉上台阶;
(6)向前蹬踏,后轮跟上台阶,把车子继续向前推。

SHANDI ZIXINGCHE
JIBEN JISHU

山地自行车基本技术

图 8-7-2

二、下台阶技术

下台阶的动作方法(图8-7-3)是：
(1)以站立姿势进入台阶；
(2)刹车并减速；
(3)上半身向前下沉,将车把向前推,使前轮迅速降下；
(4)前轮着地时,不要弯曲手臂,不要启动车把；
(5)慢慢骑行,使后轮慢慢降下。

SHANDI ZIXINGCHE
JIBEN JISHU

山地自行车基本技术

图 8-7-3

第八节 其他技术

除前面介绍的基本骑行技术外,掌握下面的小窍门,可以让车手充分享受山地自行车运动所带来的无限乐趣。

一、提车头技术

提车头技术是在通过木块、树根和石块时的常用技术,同时也能给观众留下深刻印象,动作方法(图 8-8-1)是:
(1)重心略向后移,同时对脚蹬施力;
(2)将两者协调好后,用轻微的拉力上提车把,使前轮腾空。

图 8-8-1

二、定车技术

定车技术是停止前进的一项重要技术,即突然刹车,并直直地立在原地至少超过 10 秒钟,而身体的任何部位不接触地面,动作方法(图 8-8-2)是:

(1)轻轻用前闸慢慢刹车,身体离开鞍座站立,转动车头偏向一侧,保持重心,将注意力集中在距前轮约 1.5 米的地面;

(2)同时,用前闸保持平衡,如果撑不住,就放开车闸前进几十厘米,然后继续刹车。

图 8-8-2

三、兔式跳跃

兔式跳跃是指在无任何斜坡帮助的情况下使两个轮子同时离开地面的技术。这种跳跃技术在碰到突然出现的小洞穴、石块等障碍时,往往能够大显其功,动作方法(图8-8-3)是:
(1)弯曲肘部和膝盖,降低身体重心;
(2)迅速上抬身体,拉动两轮离地。

图 8-8-3

四、走"一"字车队

走"一"字车队技术适用于团体运动,每名车手最多只与前面车手偏离几厘米,这种车队路线能使车手节省约40%的能量消耗,动作方法(图8-8-4)是:

攀岩山地自行车

(1)为避免在行进过程产生一连串的不良影响,必须知道前面车手的情况;

(2)不要总是盯着前面车子的后轮,应该集中注意力看前面车手身体的某部分,这样可以感觉与前面车手的距离比较远;

(3)开始时,应该和技术水平较高的车手一起练习,消除自己的紧张情绪。

图 8-8-4

五、往后看

在骑行过程中向后看,是一个有难度的动作,但掌握这一技术可以让车手骑行自如、随心所欲。往后看的动作方法(图 8-8-5)是:

(1)手不能离开车把,同时要注意前方路面;

(2)当从右肩扭头往后看时,将左手放松,手、肘略弯,这样虽然上身扭转了,却仍能保持骑行方向,如果骑得很快,也可以快速地从右臂下方低头看一下后方;

(3)如果需要较长时间去看后方,则上身必须坐正,左手抓住靠近竖管处的龙头,然后放开右手,身体在鞍座上略扭转向后看;

(4)当与另一人一同骑行时,回头时可坐正并轻触同骑者的肩膀,这样有助于沿直线骑行。

图 8-8-5

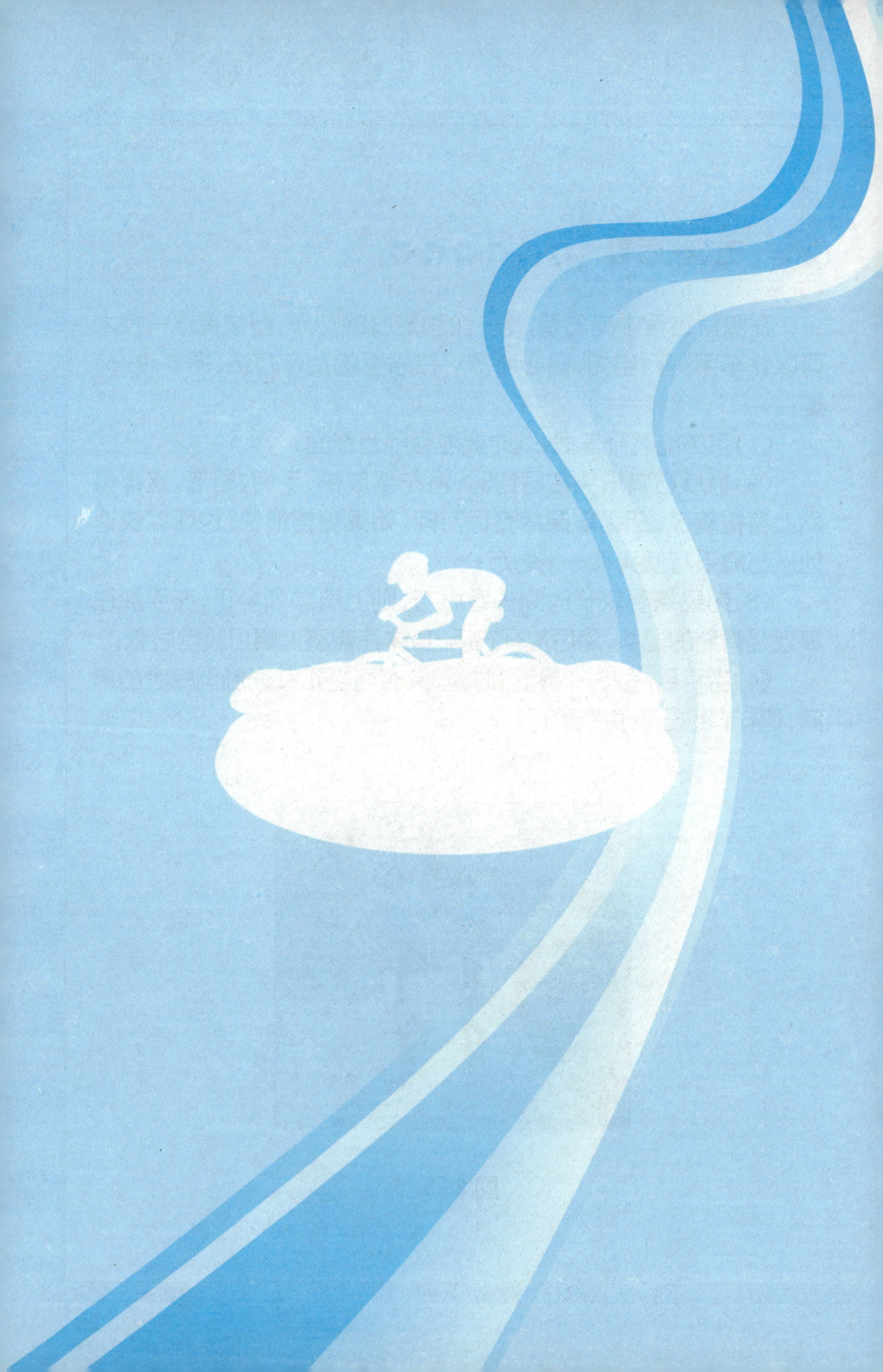

第九章 山地自行车比赛规则

　　山地自行车运动的规则较少，组织者对车手的要求并不严格。但在正式比赛中，车手须遵循一定的比赛规则。

第一节 程序

山地自行车比赛设有多个比赛项目,如越野赛、速降赛等,各个比赛项目均须遵循一定的比赛程序。

一、参赛办法

根据中国自行车运动协会审定的《自行车竞赛规则》,有关比赛办法如下:

(1)赛前将对参赛车辆进行资格检查,检查通过后方可参加比赛,可能会导致伤害的非必要配件在比赛时必须除去,不得配有任何非人力传动及助动装置;

(2)参赛车手须签署安全协议书;

(3)比赛时必须始终戴头盔,比赛前若发现车手无头盔或途中摘掉头盔,裁判员将取消其参赛资格;

(4)比赛和骑行要量力而行,不要冒险,注意安全;

(5)所有车手在比赛中必须坚持公平、公正的比赛原则,遵守比赛规则,不得有意冲撞、排挤、刮蹭他人,不做可能引起自己或他人受伤害的冒险行为。

二、比赛方法

(一)越野赛

越野赛是山地自行车赛的一种,分绕圈赛、超长赛、短程赛和耐力赛4种。

1. 绕圈赛

绕圈赛每圈至少为6千米,持续时间随分类不同而不同。

2. 超长赛

超长赛赛程至少为30千米,有明显的海拔高度变化,集体或单独(计时赛)出发,比赛起终点通常非同一地点,但大圈的环形路可相同。

3. 短程赛

短程赛每圈最多为6千米,起终点设在同一地点,在保证安全的前提下,可设置自然或人为障碍物,比赛路线上同时骑行的车手最多80人。

4. 耐力赛

耐力赛是一项测验车手操车技术、机械故障处理、按图骑行和速度耐力能力的长距离综合性项目,时间可持续2天或2天以上,设有检查点和不同路线。

(二)速降赛

速降赛简称"DH",是山地自行车比赛项目之一,是以技巧性为主的比赛。比赛路线必须有3%在铺设的路面(如沥青、水泥等),而且必须全部是下坡骑行路段,由单人道、跳跃、慢地段、田野、森林道和砾石道混合组成。比赛采用个人计时的方式进行,以成绩优劣排列名次。

第二节 裁判

山地自行车比赛中,车手在规定的山路赛道上集体出发,裁判员根据赛道的难度决定车手所要完成的骑行路程,最终以车手到达终点的先后顺序决定排名。因此,裁判工作在山地自行车比赛中尤为重要。

一、裁判员

裁判人员包括:
(1)总裁判长1人,副总裁判长1人;
(2)终点裁判3人,越野赛起点裁判1人,速降赛起点裁判1人;
(3)裁判秘书1人,助理裁判至少8人(或根据具体需要配备)。

二、鸣枪发令

出发前，裁判员将根据车手的排名顺序进行宣告，通知车手进入起点选择出发位置，准备出发仪式。发令员在报出"距比赛开始还有 3 分钟、2 分钟、1 分 30 秒"之后，将在 0~15 秒之间鸣枪发令。

三、补给过程

比赛可以根据实际情况安排补给区和允许补给的时段。在补给期间，供给者和车手之间不允许有身体接触，否则将被视为技术帮助。

在补给期间不允许供给者将水瓶、食物直接放置在车手的车辆上或放入衣袋中。供给者不可以用水泼车手，或将水喷洒到车手所骑车子的任何部位上，更不能在供给区随车手奔跑。

四、故障维修

车手在比赛中要自备修车工具，如果车子在比赛过程中出现机械故障，车手应自己负责修理。车手一旦接受任何来自外界的帮助，将会被立即取消比赛资格。

五、自动退出程序

比赛中，被扣圈的车手应在指定的终点前区域退出比赛。裁判

员将按其完成的里程排定名次。未经裁判员记录而退出比赛的车手将被视为未完成比赛，未完成比赛者将不进行最终排名。

六、其他规定

（1）车手必须戴头盔；

（2）车手必须严格按照规定的比赛路线行驶；

（3）当其他车手超车时，应为其让道，不许故意阻挡；

（4）车手如果在某环犯规，可以继续骑完那一环，然后将被驱逐出比赛；

（5）赛道上所有的路障都必须是预先计划好的，而且要事先通知车手；

（6）当有一名或几名车手在开赛时处于不利状况时，比赛可以重新开始；

（7）车手可以对在比赛中使自己处于不利状况的行为向裁判员提出抗议，但必须在比赛结束后10分钟内以书面形式向裁判员提出；

（8）在赛道沿线必须有箭形标志或其他标志，告知车手前进方向，前方是否有危险，以及危险程度等。

七、取消比赛资格

（1）车手一旦被发现有推搡其他车手、倚在其他车手身上及拉其他车手的衣服等行为，都将被驱逐出比赛，在这样的情况下，该车手可以先骑完全部赛段，然后比赛组委会将告知他失去比赛的

最终排名资格；

（2）车手如果在比赛的最后冲刺阶段干扰其他车手，将被取消比赛资格；

（3）为了比赛安全起见，车手可以换护眼镜，可以在赛段特定地点接受食物及饮料，但车手如果在其他地点饮食，将被取消比赛资格。